O CAMINHO DA REALIZAÇÃO COM A
AGRICULTURA CELESTE

Dados Internacionais de Catalogação na Publicação (CIP)
(Câmara Brasileira do Livro, SP, Brasil)

Bernis, Maurício
  O caminho da realização com a agricultura celeste /
Maurício Bernis. – São Paulo : Ágora, 2011.

  Bibliografia
  ISBN 978-85-7183-089-9

  1. Autoconsciência 2. Autoestima 3. Conduta de vida
4. Desenvolvimento pessoal 5. Mudança de vida 6. Realização
pessoal 7. Solução de problemas 8. Tomada de decisão I. Título.

11-07583   CDD-158.1

Índices para catálogo sistemático:
  1. Desenvolvimento pessoal : Psicologia aplicada   158.1
  2. Potencial humano : Desenvolvimento : Psicologia aplicada   158.1

Compre em lugar de fotocopiar.
Cada real que você dá por um livro recompensa seus autores
e os convida a produzir mais sobre o tema;
incentiva seus editores a encomendar, traduzir e publicar
outras obras sobre o assunto;
e paga aos livreiros por estocar e levar até você livros
para a sua informação e o seu entretenimento.
Cada real que você dá pela fotocópia não autorizada de um livro
financia um crime
e ajuda a matar a produção intelectual em todo o mundo.

O CAMINHO DA REALIZAÇÃO COM A
AGRICULTURA CELESTE

Maurício Bernis

O CAMINHO DA REALIZAÇÃO COM A AGRICULTURA CELESTE
© 2011 by Maurício Bernis
Direitos desta edição reservados por Summus Editorial

Editora: **Edith M. Elek**
Editora executiva: **Soraia Bini Cury**
Editora assistente: **Salete Del Guerra**
Coordenação editorial: **Pólen Editorial**
Capa: **Buono Disegno**
Imagem da capa: **Echo3005/Shutterstock**
Impressão: **Sumago Gráfica Editorial**

Editora Ágora
Departamento editorial
Rua Itapicuru, 613 – 7º andar
05006-000 – São Paulo – SP
Fone: (11) 3872-3322
Fax : (11) 3872-7476
http://www.editoraagora.com.br
e-mail: agora@editoraagora.com.br

Atendimento ao consumidor
Summus Editorial
Fone: (11) 3865-9890

Vendas por atacado
Fone: (11) 3873-8638
Fax : (11) 3873-7085
e-mail: vendas@summus.com.br

Impresso no Brasil

Agradecimento

Ao amigo e irmão de fé, Sebastião Luiz da Costa Aguiar,
pela paciência e dedicação no trabalho de edição e auxílio
na preparação dos textos deste livro.

Sumário

Introdução 9

Agricultura celeste — Apresentação 15

A estrutura da mente — O consciente e o inconsciente . . 25

A árvore do conhecimento 38

Destino e livre-arbítrio 48

Satisfação e realização pessoal 57

Leis naturais 65

O caminho 77

Pensamento, vontade e ação 88

Amor e justiça 97

Libertação, compreensão e transformação 103

As quatro fases e os três níveis 110

Agricultura celeste — Como fazer 114

Conclusão — O caminho da excelência é a prática 123

Referências bibliográficas 125

Introdução

Caro leitor,

Para apresentar o estudo que venho desenvolvendo há anos, o qual intitulei *O caminho da realização com a agricultura celeste*, tema deste livro, quero destacar que ele representa, na verdade, uma metodologia baseada em conhecimentos e experiências destinados a melhorar a vida das pessoas, a dar-lhes um vetor de prosperidade, a sugerir um encaminhamento para diversos problemas e um direcionamento bem-sucedido para as ações da vida cotidiana — sejam elas profissionais, afetivas, familiares, sociais etc.

Engenheiro de formação, mas desde muito cedo um inquieto pesquisador de temas ligados à psicologia, parapsicologia, hermetismo, astrologia, recursos humanos, administração, direcionamento de carreiras, aconselhamento empresarial e reposicionamento profissional, desenvolvi por cerca de 20 anos uma ampla e abrangente atividade de consultoria. Realizei mais de cinco mil consultas individuais, atendi a centenas de empresas, publiquei uma dezena de livros e participei e ministrei um sem-número de cursos de especialização e centenas de palestras, *workshops* e conferências sobre os temas citados.

Quando eu tinha 13 anos e estudava em um colégio católico da cidade de Santos (SP), comecei a me interessar por esses estudos e a participar de uma série de cursos de psicologia, parapsicologia, dactilodiagnose e outros, com fundamentação ora religiosa, ora científica, para observar os argumentos de ambos os lados. Na época, eu desejava cursar engenharia nuclear, mas naqueles anos não existia essa graduação em nosso país, só um curso de pós-graduação na Alemanha. Então, busquei outro ramo da engenharia, a química, e me graduei pela Faculdade de Engenharia Industrial (FEI) de São Bernardo do Campo. Ao mesmo tempo, eu tinha passado em física no vestibular da Unicamp, mas fui aconselhado a optar pela engenharia.

À medida que cursava engenharia química, meu interesse pela área nuclear diminuiu. Assim, continuei a ler e a me informar sobre esses assuntos. No mesmo período, ingressei na Ordem Rosacruz — Amorc, onde, entre outras coisas, se estuda com profundidade e rara propriedade o poder da mente, seu desenvolvimento e temas ligados a psicologia, parapsicologia, hermetismo e espiritualidade, com forte orientação multidisciplinar e até transdisciplinar. Em um desses estudos me foi apresentado o ponto de vista da astrologia, desconhecido para mim e pelo qual também me interessei. Foi o início de um estudo sério, de cursos e leituras que se estenderam por anos — estudo esse que ainda continua.

Quando me formei em engenharia, fui trabalhar na área de finanças e administração de uma grande indústria química. Nessa empresa, durante cerca de dez anos, participei de diversos cursos de aperfeiçoamento em administração, planejamento e recursos humanos, entre outros.

Lembro-me de que meu primeiro atendimento como consultor aconteceu em junho de 1989, quando eu ainda era executivo da multinacional química. Em 1992, deixei a empresa e passei a atender na Planum Consultoria Empresarial, que criei naquela época. Esta atualmente tem o nome fantasia e a marca registrada de AstroBrasil®.

Desde o início dessa nova fase, eu tinha como clientes empresas, empresários e executivos de alta gerência e diretoria, e também pessoas das mais diversas áreas de atuação. Era a época dos manuais de administração em que se dava grande destaque às ideias de *downsizing* e de reengenharia, que desempregaram muita gente e forçaram outros tantos a se reposicionar profissionalmente.

Passei a me dedicar a esse trabalho, a estudar, a usar a base teórica adquirida na experiência com administração e recursos humanos, mas relacionava tudo com a astrologia — no que eu então já me especializara. Sou um dos primeiros astrólogos empresariais do Brasil, com clientela composta 70% por executivos. Tornei-me próximo de diversos deles e alguns pediram que eu fizesse análise vocacional de seus filhos, para evitar os desajustes profissionais de que eles, os pais, estavam sendo vítimas. Especializei-me nisso também, tendo publicado um livro específico a esse respeito: *Astrologia vocacional — A escolha da profissão para obter realização pessoal.*

Foi assim que marquei minha atuação profissional na busca de correlacionar, tanto nos ambientes empresariais como em outros ambientes, a astrologia com as metodologias de facilitação profissional, utilizando recursos oriundos do gerenciamento de relacionamentos interpessoais. Por quê? Porque quase todos esses conceitos têm sua fundamentação teórica na psicologia junguiana, baseiam-se na simbologia do mestre suíço Carl Gustav Jung[1]. Inovador dos estudos psicológicos do início do século XX, Jung fez uma aproximação muito interessante entre psicologia e astrologia, assuntos que ele conhecia e estudava muito seriamente. Foi um defensor da astrologia e elaborou o princípio da sincronicidade[2], que explica seu funcionamento. Segundo ele escreveu em *Seelenprobleme der Gegenwart* [O problema do inconsciente na psicologia moderna], "se as pessoas cuja instrução deixa a desejar acham que podem até hoje zombar da astrologia, considerando-a uma pseudociência há tempos liquidada, esta astrologia, ressurgindo das profundezas da alma popular, novamente se apresenta hoje às portas das universidades que ela deixou há três séculos".

Quando ele enumera as quatro características presentes no conceito de estilo social, baseadas nos quatro tipos psicológicos que descreveu, há total concordância com os quatro *elementos* da astrologia.

Portanto, creio que encontrei um caminho interessante ao utilizar uma linguagem que todos entendem e, apesar de ter base astrológica, se expressa sem seu jargão característico.

---

1. O psiquiatra Carl Gustav Jung (1875-1961) fundou a psicologia analítica, também denominada psicologia junguiana. Ele introduziu na psicologia termos como extroversão, introversão e inconsciente coletivo, e ampliou as visões psicanalíticas de Freud, interpretando distúrbios mentais e emocionais como uma tentativa do indivíduo de buscar a perfeição pessoal e espiritual.

2. A sincronicidade é um conceito empírico que surge para tentar dar conta daquilo que foge à explicação causal. Jung diz que "a ligação entre os acontecimentos, em determinadas circunstâncias, pode ser de natureza diferente da ligação causal e exige outro princípio de explicação" (CW VIII, p. 818).

O que eu havia começado a fazer já ia além dos habituais mapas astrológicos.

Como dava palestras no ambiente empresarial para explicar como funciona a astrologia e como ela se aplica à administração, fui afinando minha abordagem com uma linguagem mais abrangente e familiar às pessoas do que os enunciados astrológicos. No caso, o estilo simples e direto de falar mostrou-se mais eficaz e agradável às plateias.

Percebi, então, que o que Jung fez na psicologia e as pessoas fizeram na dimensão empresarial, como o mapeamento cerebral — hoje muito valorizado e dispendioso —, chegavam ao mesmo resultado.

Vi-me compelido, portanto, a criar uma metodologia, uma linguagem que levasse esse conhecimento às pessoas do ambiente empresarial e de outros ambientes, sem o estigma místico-esotérico. E também que fosse algo que as pessoas pudessem usar por si mesmas, de fácil compreensão e assimilação. Assim nasceu O *caminho da realização com a agricultura celeste*, que passo a explicar nas próximas páginas.

Maurício Bernis
Maio de 2011

Agricultura celeste – Apresentação

Quando se estuda o hermetismo — algo que demanda o domínio de diversas áreas do conhecimento humano —, a amplitude das leituras e dos cursos necessários a essa busca inclui uma grande quantidade de temas enfocados pela psicologia. Paralelamente a isso, sabe-se também que a astrologia contemporânea se vale consideravelmente das Ciências Humanas. Assim, foi por intermédio da união dessas vertentes que cheguei ao que estou chamando de *O caminho de Mercúrio a Plutão*, no qual utilizo uma mescla da simbologia planetária, da concepção astronômica e da estrutura psíquica da mente humana. Esse *caminho* é que dá origem ao caminho da realização, conforme será descrito neste livro.

No caso da metodologia da agricultura celeste, a sequência estabelecida para o cumprimento do roteiro proposto pelo caminho é a mesma observada na natureza, apenas com o reposicionamento de alguns planetas que não acompanham a lição da astronomia, por estarem mais ligados à sequência da estrutura psíquica e da movimentação das pessoas na vida. São abordados aqui também alguns conceitos da programação neurolinguística (PNL), que veremos em um capítulo próprio[3]. Na realidade, o nome agricultura celeste vem do hermetismo, em especial da alquimia. Fulcanelli[4] e outros alquimistas antigos denominavam-na também de agricultura celeste, enquanto o alquimista recebia o nome de lavrador.

Volto aqui a mencionar minha trajetória pessoal de estudos porque, para chegar a este ponto, precisei revisar o que eu aprendera de parapsicologia, de psicologia, do poder do pensamento positivo, da neurolinguística e da ciência hermética, reunindo todos esses elementos com uma nova roupagem, marcada pela desfragmentação — ou por uma concepção integralizante de todas essas disciplinas. Destaco a importância da transdisciplinaridade[5], do conhecimento ampliado, no qual se foge do traço descritivo da astrologia ainda praticada por muitos astrólogos, que muitas vezes rotula as pessoas e não leva suficientemente em consideração o princípio do livre-arbítrio.

Tudo isso resultou em um enriquecimento da minha vivência profissional. Busquei rever e meditar sobre as consultas realizadas ao longo dos anos, nas quais eu transmitira

---

3. A programação neurolinguística (ou simplesmente PNL) é um conjunto de modelos, axiomas e crenças que seus praticantes utilizam visando principalmente ao desenvolvimento pessoal e profissional. É baseada na ideia de que a mente, o corpo e a linguagem interagem para criar a percepção que cada indivíduo tem do mundo, e que tal percepção pode ser alterada pela aplicação de uma variedade de técnicas.

4. Fulcanelli (1839-1923) é o pseudônimo do alquimista francês Paul Decoeur, autor de O mistério das catedrais (1926) e As mansões filosofais (1930), duas famosas obras de alquimia. Diz-se que em setembro de 1922, após produzir a Pedra filosofal, Fulcanelli teria operado uma transmutação de 100 gramas de chumbo em ouro, no laboratório da fábrica de gás de Sarcelles.

5. A transdisciplinaridade é uma abordagem científica que visa à unidade do conhecimento. Dessa forma, procura estimular uma nova compreensão da realidade, articulando elementos que passam entre, além e através das disciplinas, em uma busca de compreensão da complexidade.

informações e conhecimento aos clientes, mas também me permitiram aprender muito com eles, com suas experiências e até com seus pedidos de orientação. Essas perguntas, em especial, me levaram a uma reflexão profunda a respeito da natureza humana e de como ela se apresenta de modo diferente em homens e mulheres.

Outra característica que procuro dar ao meu trabalho é oferecer uma utilidade prática às consultas. Esforcei-me por expandir o limite da história pessoal de cada cliente, pois percebi que, em grande parte, a prática astrológica comum tende a rotular as pessoas, como se fazia na Idade Média ou como ainda hoje fazem alguns de seus ramos. E eu não vejo muita utilidade nisso.

Para mim, a astrologia não tem limites — nós é que vemos nela apenas aquilo que conseguimos ver, o que não quer dizer que ela se resuma a isso. Muitas vezes, também, observei que as pessoas buscam a astrologia para se isentar do livre-arbítrio. Se Saturno está em tal posição — pensam —, então não há o que fazer. Escolhem uma entidade fora de si mesmas para justificar o seu destino. Não é assim. Todos nós sabemos que o símbolo não é a coisa, assim como o mapa de ruas é apenas uma representação, e não as próprias ruas. Assim, a expansão da consciência do que seja a astrologia também oferece às pessoas uma nova dimensão de suas possibilidades e uma enorme liberdade para tomar decisões.

Ao correlacionarmos as funções psíquicas e os planetas, podemos ver em que ponto a pessoa que atendemos tem traumas ou "enganchamentos" que estão, por assim dizer, prejudicando seu desenvolvimento, seja em âmbito pessoal, afetivo ou profissional — quando não em todos juntos.

Notamos, assim, que cada planeta, com sua simbologia específica, corresponde a funções também específicas na estrutura de vida do ser humano. Mercúrio, por exemplo, significa a fala, o raciocínio e a comunicação — é o planeta da razão; Vênus é o gostar, o relacionar-se, e assim por diante. (Nossa estrutura mental se divide em consciente e inconsciente. Dentro do consciente existe o consciente objetivo e o consciente subjetivo; e dentro do inconsciente há o inconsciente pessoal e o inconsciente coletivo, conforme será visto adiante com mais detalhes.)

Assim, eu me perguntei: que planetas, em sua expressão básica, estão relacionados às ações humanas e à sua estrutura psíquica, na linha do *caminho de Mercúrio a Plutão*? Coloquei-os, então, em uma sequência. Mercúrio é o primeiro e Plutão é o último, na ordem em que podemos descrever as funções. Cada um dos planetas tem um papel, e pode-se fazer uma descrição de todas essas funções quase sem envolver nisso a astrologia, apenas mostrando os resultados.

Por exemplo: na mente consciente, Mercúrio significa a fala, a comunicação e, em suma, o que em geral chamamos de pensamento, como já vimos. Junto a ele, na mente consciente, estão o Sol e Marte. O Sol é o eu, a vontade, a vocação, a expressão da identidade. E Marte é a afirmação do eu, a ação e a conquista. Agora, deixando um pouco de lado a linguagem astrológica: se nessas três funções psíquicas das pessoas (pensamento, vontade e ação) não houver um alinhamento, uma integração, será difícil acontecer uma ação construtiva na vida delas. Tal alinhamento, segundo alguns critérios e metodologias — que neste livro serão claramente descritos — é a primeira chave da realização pessoal. Aliado aos conceitos da agricultura celeste (ou alquimia), o alinhamento torna-se uma verdadeira preciosidade na busca da satisfação interior e, consequentemente, na construção de uma vida saudável, física e psiquicamente.

Louis-Claude de Saint-Martin[6], influente místico francês do século XVIII, já destacava em suas obras essa tríade: pensamento, vontade e ação[7], e dizia que o pensamento é consequência da ação, já que, para ele, o pensamento não pertence ao ser humano — é algo que está no ar. Saint-Martin considera que o ser humano, por suas limitações, não é capaz de realmente julgar o que é certo ou errado. Por isso, diante de tal incapacidade, ele precisa se valer de alguns modelos, que são os seres iluminados, os eleitos — entidades de tal forma evoluídas que, para elas, livre-arbítrio e destino representam a mesma coisa. Quando algum desses seres nos indica como devemos proceder, cabe-nos obedecer e seguir a orientação, pois isso desenvolverá em nós a ação correta e, com ela, a vontade e o pensamento corretos.

Saint-Martin também afirmou que existe uma integração entre nós e essas entidades-modelo (se assim se pode chamar tais figuras em linguagem moderna), e que o nosso papel, até chegarmos ao eleito, deve ser o de unir o pensamento, a vontade e a ação no que ele chama de Santíssima Trindade. Cito aqui esse dogma do martinismo não só por achá-lo belo e

---

6. Louis-Claude de Saint-Martin (1743-1803), filósofo e místico francês, criador do martinismo. Escreveu sua obra com o pseudônimo de Filósofo Desconhecido. Influenciou diversos nobres franceses e europeus, criando uma sociedade iniciática conhecida como Sociedade dos Filósofos Desconhecidos, cuja influência alcançou diversos países europeus, além da própria França. Suas obras mais conhecidas são: *Ecce homo* (1792), *Sobre os erros e a verdade* (1775), *O novo homem* (1792), entre outras.

7. Saint-Martin, 2002, cap. VIII: "A reabilitação: pensamento, vontade, ação", no livro *Quadro natural das relações que existem entre Deus, o homem e o universo*.

profundo, mas para destacar que, se o consultor — valendo-se seja lá de que metodologia — for capaz de perceber o alcance e a dimensão dessa ferramenta, poderá indicar os pontos a serem trabalhados para se chegar à integração na estrutura psíquica do cliente.

No entanto, esse é um ponto a que todas as pessoas, fazendo uma reflexão, podem chegar por si mesmas, já que aí entra o conceito do construtivismo[8] — no qual o ser humano reflete sobre sua experiência de vida, adquire certo conhecimento e, assim, é capaz de dar um passo em direção a esse alinhamento.

Quando conseguimos elevar o padrão de expressão de alguma base psíquica, uma mudança essencial acontece em nossa vida. Assim, o Sol, que representa a expressão da vontade, passa a ser a vocação, que é o chamado interior, o *vocare*, ou mesmo o *vocatus*, o chamado divino. Então, já não se trata de uma simples vontade, mas do desenvolvimento de uma vocação no plano da realização do ser, integralmente. E a partir daí, com a participação de Marte, agente da ação, da conquista, isso se torna uma ação efetivamente construtiva na vida de cada um.

Hoje, as pessoas que me procuram não buscam somente aconselhamento; elas desejam mais que uma descrição de si mesmas. Algumas ainda pedem que eu lhes trace o mapa astral no padrão tradicional. Mas, refletindo, vi que não tem cabimento eu dizer a alguém o que ela é. Isso não está certo.

---

8. Construtivismo é uma das correntes teóricas empenhadas em explicar como a inteligência humana se desenvolve, partindo do princípio de que o desenvolvimento intelectual é determinado pelas ações mútuas entre o indivíduo e o meio. É uma concepção do conhecimento e da aprendizagem que deriva principalmente das teorias da epistemologia genética de Jean Piaget.

Por isso, reavaliei o que deveria dizer às pessoas, com base em suas necessidades, em sua busca, para, uma vez realizado o diagnóstico, apresentar a elas um encaminhamento.

Na consultoria empresarial, estudando o desenvolvimento de competências, deparei com o conceito de "árvore de competências"[9]. Nela, a raiz é a atitude, o tronco é o conhecimento e o fruto é a habilidade ou competência.

Partindo de uma reflexão construtivista, busquei ampliar o conceito dessa árvore.

De que se nutre uma árvore? Da luz solar, para a fotossíntese, e da água, que conduz o adubo e os nutrientes que a alimentam. E isso é absorvido pelas raízes. Na simbologia astrológica, Sol, Lua e Ascendente. Assim começaram as bases da agricultura celeste.

Tudo que colhemos na vida é fruto. Se plantarmos uma semente de laranja, já sabemos que, no final, colheremos uma laranja. Analogamente, ao nascermos, somos como sementes, com uma origem definida. Então, surge a pergunta: como o livre-arbítrio se insere nesse processo? Sim, uma vez que o homem, cuidando da plantação, se empenha para que a futura laranja seja doce e saudável, por exemplo, graças aos seus cuidados.

É certo também que não colheremos banana daquela semente. Mas, novamente, serão decisivos para a qualidade

---

9. A árvore das competências profissionais é uma ferramenta muito utilizada entre especialistas em recursos humanos. Ela possibilita traçar planos de autodesenvolvimento, com base nas competências essenciais. É definida como conjunto de conhecimentos, habilidades e atitudes que algumas pessoas, equipes ou organizações dominam melhor do que outras, o que as faz se destacar em determinados contextos.

do fruto os cuidados com o solo e com a árvore que o produzirá. Assim é que se chega a determinado tipo de colheita, que considera todas essas condicionantes. A base é o Sol e a Lua, mas há o Ascendente — o corpo —, simbolizado pela Cruz, as atitudes da pessoa, a encarnação, a raiz da árvore. O desenvolvimento — o tronco — é o conhecimento adquirido, resultado da nutrição proporcionada pela Lua e pela exposição adequada da planta à luz solar. A partir disso se chega ao resultado, que é o bom fruto que se vai colher.

Digamos que a laranja examinada seja ácida. É preciso verificar se essa inadequação se deve ao Sol, à Lua ou ao Ascendente. A razão estará sempre nesses três elementos, mas, dependendo do caso, haverá preponderância de um deles. Novamente vemos a tríade em ação. O Sol é o eu, o espírito, e também o ego, a vaidade. Disso se pode fazer uma quantidade de reflexões sobre o comportamento da pessoa. O Sol também é o pai, entre outras coisas.

Se, a título de exemplo, determinada pessoa apresenta uma dificuldade vocacional, isso tem que ver com o pai. Como? Pela simples razão de o Sol representar a vocação, conforme já dito. Pode tratar-se de um pai frio, cobrador, ausente, ou manifestar-se por baixa autoestima, vaidade etc. O pai é quem dá a semente e, se a pessoa não a alimenta, por não aceitá-la, a árvore não prospera. Se a pessoa está nutrindo a árvore com seu ego, sua vaidade, não obterá um fruto de boa qualidade. Se, ao contrário, ela estiver respondendo a uma verdadeira vocação, a um chamamento, estará nutrindo a árvore com o alimento certo.

A Lua é representada pela mãe, pelas emoções (*e-movere*), relaciona-se com a motivação, a movimentação. Quando alguém se encontra desmotivado, provavelmente se sente culpado ou nutre sentimentos e emoções negativas. Pois a quem cabe a culpa? A alguém que foi julgado, condenado e se encontra emocionalmente preso. Nessa situação, não está alimentando sua árvore com coisa boa. Provavelmente há ali uma raiva represada — algo bem inadequado com que regar uma planta. A Lua remete ao passado, a mágoas guardadas que comprometem nossa capacidade de amar e ser amados. Transpondo a situação para o universo profissional, quanto amor somos capazes de dedicar ao nosso trabalho?

Já o Ascendente mostra as atitudes-padrão adotadas por alguém. Assim, se o problema é de natureza comportamental, há uma necessidade óbvia de mudança de atitude. Mas, como se trata da raiz da árvore, de nada adianta mudar a atitude se não se mudar o "alimento da atitude"!

No que me diz respeito, vivi momentos em que atendia diversas pessoas com o mesmo tipo de problema. Além disso, frequentemente tais problemas eram iguais ou muito semelhantes àqueles que também me perturbavam. Percebi, então, que se tratava de uma pista para eu examinar tanta "coincidência" e dar às minhas dificuldades a atenção que elas mereciam.

Augusto Cury[10], em *Códigos da inteligência*, propõe algo que também me tem auxiliado na metodologia da agricultura celeste. Ele sugere que, quando necessário, façamos uma

---

10. Augusto Jorge Cury (1958-) é um psiquiatra e psicoterapeuta brasileiro que já vendeu mais de 12 milhões de livros no Brasil e em 50 países. Considerado pelo jornal *Folha de S.Paulo* o autor brasileiro mais lido da década, é diretor da Academia de Inteligência, instituição que promove o treinamento de psicólogos, educadores e outros profissionais. Desenvolveu o projeto Escola de Inteligência para formação de pensadores pelo ensino das funções intelectuais e emocionais mais importantes para crianças e adolescentes.

mesa-redonda com nossos fantasmas e medos. É algo de fato muito eficaz, que costuma resultar na solução de diversos problemas. E, diferentemente de outras metodologias, na agricultura celeste qualquer que seja a dificuldade que o cliente queira examinar — da necessidade de um novo emprego a uma demanda judicial provocada por um vizinho —, ele terá necessariamente de galgar três níveis: o material, o psicoemocional e o espiritual. Isso acontecerá em quatro fases, analogamente ao processo alquímico, que também acontece em quatro fases e produz seus efeitos do nível material até o nível espiritual. Para terminar essa explicação preliminar, e por resumir toda a filosofia da agricultura celeste, registro aqui uma das minhas citações prediletas, criada pelo psicólogo e filósofo americano William James[11]: "Agirei como se minhas ações fizessem diferença".

---

11. William James (1842-1910) foi um filósofo e psicólogo americano que escreveu livros que exerceram grande influência na então jovem ciência da psicologia, com ênfase nas áreas de educação e religião. Foi um dos formuladores da filosofia do pragmatismo e da chamada Teoria James-Lange da emoção. Era irmão do também escritor Henry James.

A estrutura da mente —
O consciente e o inconsciente

A mente — entendida aqui como o conjunto de percepções experimentadas pelo ser humano, graças à integração de sentidos do espírito e do corpo físico — tem duas dimensões fundamentais: a consciente e a inconsciente.

A chamada mente consciente está ligada às percepções do raciocínio, da inteligência e dos cinco sentidos, enquanto a mente inconsciente realiza muitas outras atividades das quais, no entanto, não costumamos nos dar conta.

Para quem considera o inconsciente algo pouco importante, cabe lembrar que mais de 92% das operações mentais que realizamos são inconscientes. A mente saudável, portanto, percebe tudo que acontece: cerca de 5% do total, de modo consciente; e 95% inconscientemente, isto é, sem que tenhamos uma percepção consciente.

Podemos demonstrar o que foi explicado com o seguinte teste: uma pessoa é colocada diante de um armário repleto de objetos. A porta é aberta por apenas 30 segundos e pede-se que a pessoa diga o que viu lá dentro. Algumas veem certo número de itens, outras um pouco mais ou um pouco menos, mas sempre os índices de acerto são pequenos.

Porém, quando hipnotizadas[12], todas são capazes de apontar tudo que havia no interior do armário. Portanto, aqui já encontramos uma diferença: o inconsciente tem memória absoluta; o consciente funciona só com o (pouco) que consegue reter.

Naturalmente, essas duas fontes de percepção não atuam de forma isolada. Ao contrário, estão em permanente contato e se entrelaçam, tornando muitas vezes difícil distinguir o que vem de uma e de outra, o que é do consciente e o que pertence ao inconsciente.

Nosso inconsciente, por exemplo, rege o funcionamento do corpo. O coração bate sem que o mandemos bater, sem a participação ativa, volitiva, da consciência, mas ainda assim é controlado por uma atividade da mente. Aquilo que os especialistas chamam de fenômeno *psicossomático* pode ser compreendido como a interferência do inconsciente no funcionamento do corpo devido a "mensagens" que estão nele gravadas, provenientes de experiências vividas. Então, se essa interferência é uma realidade, e de fato é — e a medicina vem demonstrando sua veracidade —, o que nos cabe fazer é administrar, como guardas de trânsito, o transporte das mensagens entre o consciente e o inconsciente.

---

12. Hipnose (do grego *hipnos*, sono) é o estado mental ou comportamento provocado por indução hipnótica, geralmente precedida de uma série de instruções e sugestões feitas por um hipnotizador, na presença do sujeito, ou autoadministradas ("autossugestão"). Pessoas hipnotizadas costumam relatar alterações de consciência, como anestesia e analgesia, durante as quais obedecem e realizam os atos mais variados. O uso da hipnose com propósitos terapêuticos é conhecido como "hipnoterapia".

Além da divisão da mente em consciente e inconsciente, cada uma dessas divisões se subdivide em duas.

Falamos em *fase consciente objetiva* e em *fase consciente subjetiva*. A primeira é a soma do intelecto aos cinco sentidos — o que se traduz por razão, racionalidade, o universo inteligente e a percepção tátil, visual, auditiva, gustativa e olfativa. Já a fase consciente subjetiva se compõe do sentir, do gostar ("gosto não se discute"), dos afetos, instintos e desejos. São atributos subjetivos, particulares, porém pertencem à esfera da mente consciente porque são percebidos conscientemente.

Como a mente consciente, a mente inconsciente também se subdivide em *inconsciente pessoal* e *inconsciente coletivo*. O inconsciente pessoal, como o nome indica, diz respeito ao indivíduo, sua personalidade, seu crescimento na vida, em grande parte determinado pelas marcas da infância, da construção da estrutura de personalidade. Contração e expansão marcam a nossa existência, vêm da formação inconsciente pessoal.

O inconsciente coletivo, descrito por Jung, é o responsável pela interação do indivíduo com o mundo e o universo. É a percepção do mundo para além da nossa experiência pessoal. Relaciona-se com o outro, seja ele nossa família, nossa nação, a humanidade ou a sua história. É o "algo mais" em cujo terreno se manifesta a paranormalidade, uma vez que a comunicação telepática com um indivíduo que pode estar no outro extremo do planeta depende de laços estabelecidos inconscientemente com outras pessoas e elementos. O inconsciente pessoal sustenta a estruturação da personalidade do indivíduo nesta vida, enquanto o inconsciente coletivo, por sua vez, abrange toda a história de um povo, nação ou família. É responsável pela estruturação social, cultural e pessoal do indivíduo.

Assim como o consciente se vale da percepção dos cinco sentidos, o inconsciente possui instrumentos muito amplos, como a telepatia e a intuição, com os quais se percebe algo que não se vê fisicamente. É como se o inconsciente também tivesse seus sentidos de percepção.

Alguns filósofos gregos antigos, chamados solipsistas[13], afirmavam que só existe o que percebemos. Essa crença filosófica decretou que, além de nós mesmos e de nossas experiências, nada mais existiria. Com o advento dos filósofos da física quântica, esse princípio foi retomado ao se afirmar que o universo é como nós o percebemos. E eles dão um exemplo surpreendente: o fenômeno dos elétrons, que se comportam de determinada maneira quando estão diante de um observador e de outra se não houver observador. A interferência do observador no fenômeno é, como se vê, um grande mistério.

Portanto, notamos que a essência de toda manifestação da mente depende da percepção que temos tanto conscientemente quanto inconscientemente, e o trabalho de integração da comunicação entre o consciente e o inconsciente é o fator primordial para o encontro do equilíbrio — nosso objetivo.

---

13. O solipsismo (do latim *solu-*, "só" + *ipse*, "mesmo" + "-ismo") é a concepção filosófica segundo a qual, além de nós, só existem as nossas experiências. O solipsismo é a consequência extrema de se acreditar que o conhecimento deve estar fundado em estados de experiência interiores e pessoais, não se conseguindo estabelecer uma relação direta entre esses estados e o conhecimento objetivo de algo para além deles.

O esquema a seguir propõe uma relação entre a simbologia planetária, de que nos valeremos ao longo de nosso trabalho, com a já mencionada divisão da manifestação da mente humana.

Filósofos à parte, o que se pode afirmar é que cada pessoa é o centro de sua vida, como indica a astrologia, pois tudo acontece ao redor dela.

A interação entre pessoas e astros, segundo a astrologia, ocorre de acordo com o posicionamento dos planetas em relação a cada indivíduo em determinada hora e determinado lugar. Então, o grande desafio é identificar as relações existentes entre os planetas e cada uma dessas funções conscientes e inconscientes do indivíduo, pois os astros podem servir de referência para as funções da mente humana.

Para facilitar a compreensão do que vem a seguir, cabe aqui novamente uma explicação da simbologia básica utilizada na astrologia:

Assim, as reações instintivas — como o conforto e o prazer — pertencem ao terreno do consciente subjetivo. Todavia, a mente consciente subjetiva tem uma porta de ligação com o inconsciente, uma intersecção com ele, representada pela Lua (☽), responsável pela comunicação entre esses dois universos, do lado da mente consciente.

---

14. No mapa astrológico, a Cruz é a representação simbólica do Ascendente.

Já do lado do inconsciente, encontramos Saturno (♄), seu guardião, que tem como símbolo a Lua carregando a Cruz. Isto é, a pessoa suportando suas dificuldades, limitações, carências etc. O símbolo composto desse astro não traz a figura do Sol, que representa a vontade e a consciência; quanto à Cruz, expressa o que não se domina.

A Lua que carrega a Cruz traduz as lembranças. Se estas forem boas, o fardo será mais leve. Daí a importância do que percebemos nos primeiros anos de vida. À guisa de exemplo, a responsabilidade de ensinar uma criança a dar e receber amor é da mãe. Da mesma forma, a falta de motivação é lunar, vem da mãe, e, embora ninguém seja capaz de lembrar como ou quanto mamou quando recém-nascido, no interior de cada um se desenvolveu um *software*, ou melhor, um sistema operacional, que dirigirá sua vida sem que ele perceba.

Portanto, temos uma estreita ligação entre a Lua e Saturno, que representam os dois Porteiros — um da mente inconsciente para o consciente e outro da mente consciente para o inconsciente. O que as experiências têm comprovado é que há uma crescente perspectiva de percepção e de busca de harmonização dessas dimensões. Por obra do inconsciente coletivo se percebe que podemos trazer para o consciente o universo paranormal — um mundo místico, fruto da alteração de consciência.

A esta altura, vale mencionar o pensamento do físico francês Jean Emile Charon, criador da teoria do universo do espírito, segundo a qual existe uma integração efetiva da humanidade[15]. As gerações, diz ele, se sucedem com diferentes competências e habilidades. As pessoas, de forma geral, conseguem trazer tais percepções para o consciente porque, em maior ou menor grau, todos percebemos o mundo paranormal. Esse pensamento tem sido confirmado por estudiosos da física quântica.

Juntando as peças deste quebra-cabeça, o *caminho de Mercúrio a Plutão*, já mencionado, percorre do extremo do consciente objetivo (onde se encontra Mercúrio) até a outra extremidade da linha, onde encontraremos o inconsciente coletivo mais remoto e profundo, ligado ao *self*, personificado por Plutão — rei dos infernos, o Hades[16] da mitologia grega, as profundezas da alma, o interior.

Na simbologia astrológica, Mercúrio (☿) tem forma composta, representada pela Lua, o Sol e a Cruz, nessa ordem.

---

15. Nas palavras de Jean Emile Charon (1986): "Devemos libertar o homem do cosmo criado pela genialidade dos físicos e astrônomos; do cosmo que o tem enclausurado desde o Renascimento. Apesar da sua beleza e grandiosidade, o mundo da matéria inerte é estreito demais para o ser humano. Como acontece com a realidade econômica e social, ele também não preenche todas as nossas necessidades. Não podemos aderir ao dogma de uma realidade única. Sabemos que não estamos totalmente confinados, que nos expandimos para dimensões maiores que as do *continuum* físico... O espírito do homem escapa para além do espaço e do tempo, para outro mundo. E nesse mundo, que é ele próprio, ele pode, se assim desejar, percorrer ciclos infinitos. O ciclo da Beleza, contemplado por sábios, artistas e poetas; o ciclo do Amor, inspirador do sacrifício, do heroísmo e da renúncia; e o ciclo da Graça: suprema recompensa aos que buscaram apaixonadamente pelo princípio de todas as coisas... Devemos nos levantar e marchar. Livrar-nos da tecnologia cega, tomando consciência, em sua complexidade e riqueza, de todas as nossas potencialidades".

16. Segundo a mitologia grega, Hades é o governante do Mundo dos Mortos. Seu trabalho é compartilhado por outras divindades, como Tânatos, deus da morte, ou as Queres, responsáveis por recolher avidamente as almas dos guerreiros.

Neste caso, as relações do espírito (Sol) com a matéria (Cruz) não são permeadas pelas emoções (Lua). Diferentemente, quando estamos em Plutão (♀), temos o Sol, a Lua e a Cruz. Isto é, o cadinho, o Sol, que é a semente, está dentro do útero, representando também a morte e o renascimento — a ressurreição.

O trabalho da agricultura celeste é este: ela procura promover um reposicionamento do Sol (☉) e da Lua (☽) em relação à Cruz (♀) — uma mudança das atitudes diante de todos os aspectos da vida, da própria identidade, das emoções, da memória, em relação a um determinado ponto da caminhada em que alguém se encontra. De Mercúrio (☿) até Plutão (♀), todos os demais astros são frações dessa trajetória espiritual, na qual cada um deles representa a expressão de uma virtude a ser desenvolvida. Ao harmonizarmos a mente com os planetas veremos como cada virtude se manifesta e se integra dentro de nós, no consciente ou no inconsciente.

Um exemplo de manifestação sem integração se dá quando determinada pessoa tem o dom da oratória, mas não tem virtude moral: a soma dessas duas condições pode resultar muitas vezes em uma pessoa demagoga.

Então, para resolver determinado problema, temos de trilhar esse caminho e descobrir onde está o desequilíbrio causador do problema. É algo que diz respeito ao meu entendimento, à minha vontade, ao meu "eu", ao meu comportamento, às minhas ações? Ou tem que ver com minhas emoções, minha história, minha memória, as experiências vividas por mim?

Assim, ao chegarmos ao ponto em que está efetivamente a raiz do problema da pessoa, ou ao momento em que ela se tornou prisioneira de sua história, poderemos identificar se foi no consciente objetivo ou subjetivo, ou no inconsciente pessoal ou coletivo. Trata-se de um terreno amplo e trabalhoso, mas é preciso estudar com afinco as alternativas possíveis. E, como acontece na psicanálise, a consciência, a clareza a respeito dos porquês, levam a pessoa que buscou a metodologia da agricultura celeste a dar o primeiro passo no rumo de seu equilíbrio. A ação seguinte deverá ser a correção do seu estado emocional, o gerenciamento das emoções e atitudes. Não há como não passar por todas essas etapas para se descobrir em que momento houve o "enganchamento".

Assim, tomamos como ponto de partida a estrutura da mente e seu espelhamento com os planetas e vemos que tudo começa pelo entendimento (Mercúrio), que nos conduz ao Sol, que esclarece. Dali, munidos da vontade de agir, passamos às ações (Marte), que vão determinar que frutos a árvore da agricultura celeste produzirá. A reflexão que leva ao entendimento também desenvolve a vontade solar de agir, e a ação, de natureza marciana, é que vai determinar o caminhar no sentido da solução do problema.

Supondo-se que a dificuldade de alguém não está mais no entendimento, mas na ação (na mente consciente objetiva), recorremos à agricultura celeste para entender por que a ação não é adequada — seja pela consciência, pelo eu, pelo ego, pelo orgulho, pelas emoções, pela vaidade, pela memória, pelo comportamento etc. A pessoa já entendeu o que há de errado, porém não consegue agir de forma coerente com esse entendimento. No estágio subsequente, ela pode até ter agido, porém sua ação ainda não está resultando em equilíbrio. Trabalhado o equilíbrio, o próximo passo será a motivação para continuar o trabalho de recuperação do equilíbrio. Se alguém, embora tenha o entendimento, age certo e obtém o equilíbrio mas está desmotivado, o problema estará na função lunar, em seu amor-próprio e em sua história emocional. Superada mais essa etapa, se na sequência ela estiver motivada, porém ainda não tiver se estruturado, então temos de ir ao inconsciente (Saturno) porque a capacidade de estruturação se estabelece na infância. Até os 7 anos de idade — todos dizem —, se constrói a maior parte do caráter do futuro adulto, e os pais são responsáveis por 70% do que a criança vivencia nesse período. É uma função do inconsciente.

Por exemplo, pessoas que têm dificuldade em aceitar a autoridade estão na verdade brigando com o pai e com todos os que no futuro se colocarem em posição de autoridade. E a estruturação só se consolida se elas puderem entender tal situação. Entendendo, estarão aptas a se transformar e, com isso, se libertam do problema. Uma vez livres, chegam à compreensão — algo mais abrangente do que o simples entendimento — e alcançam, por fim, a ressurreição, que é a morte com renascimento, isto é, a libertação efetiva do problema que as perturbava.

Embora essa sequência do *caminho de Mercúrio a Plutão*, mostrada em parte aqui, possa parecer complexa ou demandar estudos profundos e demorados, meu objetivo é que você, leitor, possa empreendê-lo por si mesmo. Para isso, recomendo atenção aos verbos usados no dia a dia. E a palavra-chave, neste caso, é *reflexão*, pois é por meio dela que subimos os degraus que levam à compreensão. Como vimos, nossa mente nos dá uma rica caixa de ferramentas para empreendermos a jornada com sucesso.

Porém, refletindo sobre nossos problemas, precisamos ter o cuidado de realizar uma análise honesta do que aconteceu, sem julgar ou culpar outras pessoas ou a nós mesmos.

O exame deve ser frio, isento dentro do possível, mantendo as emoções sob o controle da mente consciente, até identificarmos o viés — aquele determinado momento, ação ou situação em que algo importante e infeliz aconteceu. Só refletindo com distanciamento e isenção poderemos ser agentes da transformação desejada.

Depois de ter lido essas explicações, você continua achando muito difícil fazer todo o percurso, passo a passo? Se este for o caso — desde que você tenha entendido o que o perturba —, volte então aos filósofos solipsistas, para quem só existe o que percebemos. Ao se colocar no centro da análise, você já será capaz de gerenciar o funcionamento da sua mente e alterar os referenciais das etapas posteriores do *caminho de Mercúrio a Plutão*. Além disso, também podemos entender que a natureza de nossa vivência se divide em três níveis: o físico ou material, o psicoemocional e o espiritual. E, fazendo um paralelo com o universo musical, estabelecer que cada estado mental pode ser vivido em uma determinada oitava.

Segundo essa concepção, existem na mente consciente objetiva oitavas superiores, que pertencem ao inconsciente coletivo. Por sua vez, a mente consciente subjetiva também é capaz de operar em uma oitava superior, onde está o inconsciente pessoal. Daí a explicação para a ligação dos traumas da infância com os aspectos subjetivo-emocionais e a relação íntima e particular observada entre o indivíduo e o mundo, e a experiência humana em geral. Tais interações operam nesses níveis. A comunicação, função da mente objetiva que se vale da fala e da audição, tem um correspondente na mente inconsciente: a telepatia. Por sua vez, a emoção tem como correspondente nessa esfera a estruturação da personalidade individual.

Em meio a esses estudos, uma referência ainda que breve à imaginação é necessária, pois é esse atributo que nos diferencia de outros animais. E isso tem importância. A consciência é o nosso juiz e está diretamente ligada à nossa percepção da realidade. Já a imaginação, que associa memória e raciocínio, é a chave do planejamento da vida, sem os embaraços que nos incomodavam até aqui.

Fazendo uso da agricultura celeste, podemos nos valer dessa metodologia para planejar maneiras de atingir determinados objetivos, e não só resolver problemas. Ora, planejamento é imaginação. Cada um de nós pode experimentar com ela um despertar criativo, usando-a como ferramenta para chegar onde queremos. Um exemplo: o que faremos depois de termos nos livrado do problema? Ao exercitarmos a imaginação, logo nos vemos fazendo algo de que gostamos. É o real alimentando o nosso futuro, graças à imaginação.

A árvore do conhecimento

Ao tratarmos da agricultura celeste, nada mais natural que utilizarmos a expressão "árvore do conhecimento" e as metáforas inspiradas por essa imagem para trazer a você, leitor, uma explicação esquemática e clara de como traçar o caminho que poderá levá-lo à realização como ser integral, plenamente consciente e dono de seu destino.

O mapa dessa trajetória começa a ser desenhado com o emprego, no caso, de algumas noções próprias do construtivismo — linha de pensamento muito utilizada pela pedagogia, que, obviamente, também se aplica ao autoconhecimento, sendo dessa forma o ponto de partida ideal para uma análise de nós mesmos.

Como sempre, tudo se inicia com a reflexão. Ao refletirmos sobre nossa prática, fica logo evidente que a estrutura do nosso pensar é limitada. Somos convencidos, nesse momento, de que precisamos ampliar nosso conhecimento, tanto no plano geral como particular no que diz respeito à nossa vivência profissional, econômica, familiar, social etc.

A título de exemplo, podemos nos perguntar como está nossa prática em relação ao dinheiro ou ao trabalho, como têm sido nosso comportamento e nossas atitudes nessas e em outras áreas da vida. E devemos, enquanto isso, observar que o essencial para esse exame é avaliar nossa estrutura de pensamento, nossa ética, nossos preconceitos e sentimentos. As pessoas, em geral, não se dão conta do quanto guardam dentro de si crenças, temores e suspeitas responsáveis por seu próprio malogro. Muitas delas me procuram sem demonstrar, porém, qualquer atitude capaz de levá-las ao novo.

Portanto, como refletir sobre determinada situação?

Em primeiro lugar, todo autoexame deve ter como alvo a *realidade vivida* pelo indivíduo, deixando-se de lado velhos conceitos ou princípios sociais, culturais ou religiosos que justamente produziram a realidade insatisfatória que se deseja modificar. O exame deve incluir, além dos fatos verificados, os estímulos emocionais envolvidos, isto é, como determinado episódio foi sentido, pois toda emoção desencadeia movimentos internos e externos nada desprezíveis, como as neuroses e as somatizações.

É preciso verificar, também, em que ponto, no tempo, está a estrutura de pensamento do indivíduo. Em sentido figurado, o passado é o vale de onde saímos (ou onde muitos ainda estão), o presente é a planície em que nos encontramos agora e na qual a vida deve ser vivida, e a montanha é o futuro que devemos atingir. Partimos do vale para chegar à montanha, vivendo o tempo presente.

Em segundo lugar, é indispensável que o indivíduo se coloque no centro de todos os acontecimentos de sua vida, que olhe para si e não para o outro, que siga seus sentimentos e pensamentos, não os alheios. E que avalie sua responsabilidade em cada situação. Só pensando, sentindo e responsabilizando-se por tudo que nos cerca é que chegamos ao conhecimento, e deste à sabedoria, pois apenas conhecemos aquilo que já experimentamos. A gramática histórica ensina que os vocábulos "saber" e "sabor" têm a mesma raiz e origem, confirmando que apenas conhecemos aquilo que uma vez provamos sensorialmente ou experimentamos conscientemente.

Outro requisito estruturante do processo de autoanálise é a consciência de que somos seres em construção: ainda não estamos prontos. Segundo o entendimento em que se baseia a transdisciplinaridade, não crescemos por igual, amadurecemos em algumas áreas do conhecimento mais do que em outras, ou antes que em outras. Somos melhores em determinado campo que em outro graças às experiências acumuladas. Importa, principalmente, que desenvolvamos a vontade de agir criativamente, pois se apenas agirmos da maneira como fazíamos antes, certamente teremos os mesmos resultados insatisfatórios, com pouca chance de construção do novo.

Os teóricos do construtivismo ensinam que o homem, ao nascer, apesar de trazer uma fascinante bagagem hereditária que remonta a milhões de anos de evolução, não consegue emitir o mais breve pensamento ou o mais elementar ato simbólico. Ele é um projeto a ser construído.

Construtivismo significa isso: a ideia de que nada, a rigor, está pronto, acabado, e de que, especificamente, o conhecimento não é dado em nenhuma instância como algo terminado. Ele se constitui pela interação do indivíduo com o meio físico e social, com o simbolismo humano, com o mundo das relações sociais; e se constitui por força de sua ação e não por qualquer dotação prévia, na bagagem hereditária ou no meio, de tal modo que podemos afirmar que antes da ação não há psiquismo nem consciência — muito menos pensamento.

Agir criativamente reconstrói e transforma nossa estrutura de pensamento, tornando-nos seres integrais[17]. O ser integral é a pessoa presente e consciente do que está vivendo, sem escapismos, desculpas, compreensões limitantes. É aquele que é o mesmo em todas as situações.

Retomando a sequência explicada anteriormente sobre o funcionamento da metodologia da agricultura celeste, a ação dá continuidade à reflexão, desencadeia e dá forma à árvore frutífera composta por raízes, tronco, folhas e frutos, iluminada pelo sol e alimentada pela água e pelos demais nutrientes.

Os frutos representam o objetivo perseguido — o trabalho, o casamento, o dinheiro, a compra de uma casa, uma viagem — a situação que nos colocará em outra esfera do conhecimento. As raízes são as atitudes. Devemos nos perguntar como elas estão, tendo em vista os objetivos desejados.

O tronco expõe as reações (internas ou externas) provocadas pelas atitudes que tomamos. Um exemplo de reação interna é o da pessoa que, ao iniciar uma dieta, adoece repetidamente, deixando claro o ato inconsciente de sabotagem à própria atitude. Mas a sabotagem pode também vir do ambiente externo, quando a mãe, por assim dizer, empurra comida para o filho empenhado em fazer dieta. Como vimos, são situações que tendem a se repetir, já que as pessoas em questão estão alimentando sua árvore de maneira inadequada.

---

17. Em paralelo ao conceito utilizado na agricultura celeste, merece menção neste particular a Psicologia Integral, criada pelo norte-americano Ken Wilber. Sua obra concentra-se basicamente na integração de várias áreas do conhecimento (ciência, autoajuda, arte, ética e espiritualidade), aliada a uma releitura de caráter transpessoal da psicologia de Jung. Mais recentemente, Wilber propõe uma abordagem integral da vida, de Deus, do universo e de tudo mais, o que ele denomina de *Visão integral* (2009).

O Sol pode representar o sentido menos nobre do ego — o lado personalista, vaidoso, orgulhoso. Se a situação não está bem, se o fruto obtido não é o esperado, é porque ele certamente recebeu luz inadequada e se baseia, por exemplo, em atitudes egoístas. O Sol também representa o arquétipo paterno. Podemos estar dando ao pai uma resposta ao querermos ser o presidente da empresa em que trabalhamos, para mostrar a ele nosso valor e importância. Além disso, o Sol ainda representa a vocação da pessoa, a resposta a um chamado interior ou a um chamamento divino. Fica a pergunta: qual desses sóis está iluminando nossa árvore?

Ao mesmo tempo, como esta árvore está sendo regada? Pela Lua, que rege as emoções das pessoas e revela o aspecto emocional de toda situação. A Lua representa nossa capacidade de amar e de ser amados. Um exemplo de como isso se aplica ao cotidiano: quando alguém diz que seu emprego não está bom, é preciso examinar quais são as emoções em jogo nessa situação para descobrir se existe amor pelo trabalho — e qual é a medida desse amor.

Há, além disso, pessoas que parecem ter prazer em sofrer, em reviver mágoas e dores. É o caso de quem um dia foi rejeitado e volta sempre a esse momento, revivendo-o várias vezes. Por isso é preciso transformar a maneira de sentir, para que a árvore seja alimentada por sentimentos melhores. E não basta mudar o comportamento, é necessário alterar o teor da alimentação fornecida à árvore, dando preferência aos aspectos mais elevados e espirituais da experiência humana.

Algumas perguntas devem ser feitas — a si mesmo ou a outrem — por quem pratica esse exercício:

• Como entender minhas atitudes?

- Como devo agir diante de uma situação?
- Quem sou eu nessa situação?

Em relação a essas perguntas, lembro-me de um amigo que não suportava o chefe com quem trabalhava. Queixava-se dele com os colegas, até que, afinal, o superior foi demitido. Logo em seguida, esse ex-chefe abriu um negócio próprio e, para imensa surpresa do meu amigo, convidou-o para trabalhar com ele, pois disse que o considerava um excelente profissional. Portanto, é bastante frequente que nossa percepção de determinada situação seja muito equivocada.

Voltando às perguntas:

- Quais são meus sentimentos diante de determinada situação?
- Qual é o ambiente em que estou inserido? Aqui conta tanto o ambiente interno, dos sentimentos, expectativas, desejos, como o ambiente externo, das convenções sociais, culturais, do ambiente físico etc.

• Qual é a minha responsabilidade diante do resultado da situação? Normalmente, costumamos atribuir responsabilidade aos outros, mas devemos resistir a essa tentação e avaliar honestamente o que coube a cada um em vista do resultado obtido.

Devemos nos esforçar para responder com isenção a todas essas perguntas.

Uma vez respondidas, passemos a desenvolver as competências necessárias para melhorar. Primeiro, devemos mudar a incidência de luz solar e a alimentação de nossa árvore do conhecimento. Para isso, devemos desenvolver o chamado "eu interior radiante", aquele que se dá a conhecer quando somos verdadeiramente nós mesmos.

Devemos nos perguntar: "Quero ganhar mais, mas para quê? Onde está meu ego nessa situação? Na vaidade ou na obediência a uma vocação?" Considere, além disso, que tudo na vida tem um preço e que muitas pessoas apenas desejam algo sem, no entanto, aceitar pagar o preço correspondente.

Daí a necessidade de cada um buscar sua vocação real para fazer bem o que precisa ser feito, coerentemente com seus valores essenciais e integralmente, de acordo com seu ser.

Um dentista amigo me confessou, recentemente, estar feliz por ter a chance de ser o pai quarentão de um bebê, de ter a profissão que havia escolhido e de, por isso, estar gozando a vida de maneira satisfatória e agradável. Notem que ele não aspirava a ser o mais famoso, rico ou bem-sucedido dentista do país, ou coisa parecida. No entanto, encontra-se na invejável posição de um ser que responde integralmente a uma vocação real, a qual lhe permite viver de acordo com seus valores essenciais. E assim ser um pai maduro que poderá acompanhar e orientar o filho temporão a se tornar um ser humano harmonioso.

Qual deve ser nossa motivação para chegar ao mesmo resultado do dentista deste exemplo? Não há dúvida, imagino, de que seja o desejo de sair de uma situação para outra, melhor e mais confortável. Motivar-se é alimentar-se emocionalmente. Na astrologia, a Lua rege a nutrição. No caso figurado da agricultura celeste, podemos perguntar se o que nos motiva é bom, se nos faz bem, se os sentimentos que desperta são positivos. Se as atitudes são nutridas por bons sentimentos, então se corrigem naturalmente. Quando amamos alguém, agimos em relação a esse alguém coerentemente com tal sentimento.

Alguns ciclos da vida são mais propícios aos acertos do que outros. Na adolescência, alguns experimentam traumas emocionais cujas consequências muitas vezes vão se manifestar bem mais adiante. Já na maturidade, as atitudes naturalmente se transformam, de maneira criativa, para melhor.

O tronco é a parte da árvore que armazena o conhecimento que a pessoa desenvolve ao longo da vida. Por ele transitam os nutrientes, que sobem da raiz, e a luz do sol que chega às folhas. Tanto é assim que as fases lunares estão ligadas à presença da seiva mais na raiz ou mais nas folhas, conforme o ângulo formado pelo Sol e a Lua. Devemos, portanto, procurar o equilíbrio do Sol e da Lua em nossas vidas.

Conseguindo obter tais competências, chegamos ao ponto de nos tornarmos seres integrais. Atentos ao Sol — que é quem realmente somos —, tornamo-nos capazes de fazer um exame profundo de nossos valores essenciais, do que é importante na vida. Nossos filhos, por exemplo, são importantes? E estamos agindo coerentemente com essa constatação? Ou seja, somos um pai ou mãe presente na vida deles?

A Lua, por sua vez, é quem propicia o reconhecimento de nossa origem. Representa o passado, onde estão nossos valores essenciais. Para cada um, o posicionamento equilibrado do Sol e da Lua resulta afinal em um comportamento consciente. De forma figurada, o tronco da árvore é a autoconsciência que conduz ao fruto chamado ser integral. Esse é o objetivo da agricultura celeste. Ele ganha forma quando nos colocamos no centro da nossa vida, onde tem início o caminho da realização.

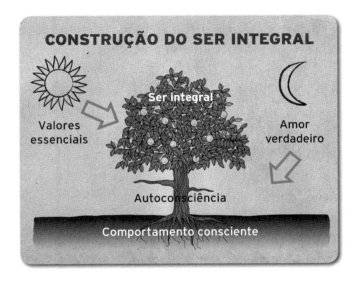

Destino e livre-arbítrio

É de conhecimento geral o princípio segundo o qual o ser humano é dotado de livre-arbítrio. Isso nos leva a supor que todos, então, fazem o que querem. Porém, se realmente fosse assim, seria o caso de perguntar por que se vendem tantos livros de autoajuda e os consultórios de psicólogos e terapeutas estão sempre superlotados.

A astrologia tradicional trabalhava com o dogma da predestinação. A configuração astrológica registrada no momento do nascimento de cada homem e mulher ditaria de forma permanente seu futuro e destino, e pouco restaria, assim, de autonomia a esses seres diante da grandiosidade assustadora dos astros. Mais recentemente, com o advento, o estudo e a aceitação da psicologia, a astrologia se viu convencida a abrir mão de tamanho determinismo.

Podemos até entender o porquê da antiga rigidez. Afinal, como a astrologia observa os fatos e movimentos naturais, em que tudo é previsível e regular, e os relaciona à vida das pessoas, tais parâmetros podem ser vistos tanto como medida determinante quanto como mera influência a ser considerada em relação ao futuro. Se entendida só como medida, estaremos diante da predestinação, mas se for considerada como sincronicidade, o destino então pode se modificar.

Desde as primeiras décadas do século passado ganhou projeção o conceito de inconsciente coletivo, segundo o qual há uma integração ou inter-relacionamento entre todas as pessoas da humanidade, que é composta por grupos nacionais, familiares, raciais etc. Tal conceito traz também uma reflexão sobre até que ponto existiria ou não a liberdade. O inconsciente pessoal é onde ficam registrados os traumas. Assim, quem é vítima de um trauma — golpe que compromete a liberdade de atitudes e comportamentos — tem livre-arbítrio? Traumas são eventos relativamente raros. Mas, as pessoas chamadas de "normais", no entanto, sofrem pequenos traumas. Elas também têm livre-arbítrio? Liberdade, certamente, sim. O que não têm é arbítrio (capacidade de escolha) sobre o que não percebem ou não conhecem.

Costumo usar a metáfora do quarto escuro onde há diversos móveis e objetos. Se tentarmos andar por ele, certamente nos chocaremos com os obstáculos à nossa frente. No escuro, posso dizer que estou predestinado a bater nos objetos. Porém, se eu tiver a indicação de que à direita há uma cadeira e mais à frente está uma mesa, posso tentar desviar e chegar onde desejo sem atropelos.

Portanto, pode-se dizer que existe tanto o destino quanto o livre-arbítrio. Cada ser humano nasce com determinada herança genética. Se, por exemplo, tiver baixa estatura, dificilmente poderá ser um jogador de basquete excepcional, embora isso não seja impossível.

Além de tais considerações, há também o ciclo biológico e, mais antigo ainda, o ciclo astrológico. No passado, Dane Rudhyar, conhecido astrólogo francês, previu que, em razão da sua idade e de sua precária condição de saúde, não resistiria a determinada configuração dos planetas. Anteviu, assim, a própria morte[18].

Vejam outro exemplo, agora na área dos chamados *campos morfogenéticos* — estruturas invisíveis que se estendem no espaço-tempo e moldam a forma e o comportamento de todos os sistemas do mundo material, segundo o conceito proposto pelo cientista inglês contemporâneo Rupert Sheldrake[19]. Em um arquipélago no Pacífico, povoado apenas por macacos, estes se alimentavam de batatas colhidas da terra. Um dia, não se sabe por quê, um desses macacos lavou a batata antes de comê-la, o que melhorou o sabor do alimento. Os outros o observaram, intrigados, e aos poucos começaram a imitá-lo. Quando o centésimo macaco lavou sua batata, todos os macacos das outras ilhas começaram a fazer o mesmo antes de comê-las. E entre as ilhas não havia qualquer meio de comunicação.

Da mesma forma, o comportamento humano apresenta determinados padrões. As pessoas em geral ficam admiradas com os bebês atuais, que já nascem com os olhos abertos (antes demoravam algum tempo), ou com a precoce habilidade

---

18. Dane Rudhyar (1895-1985), nascido Daniel Chennevière, escritor, compositor e astrólogo humanista, foi o pioneiro da moderna astrologia transpessoal. Foi também um dos pioneiros na formulação do conceito de Nova Era, e escreveu uma série de livros sobre essa filosofia e a consciência planetária.

19. Rupert Sheldrake (1942-), biólogo, é conhecido por sua teoria da morfogênese. Campo morfogenético é o nome dado a um campo hipotético que explica a emergência simultânea da mesma função adaptativa em populações biológicas não contíguas. Alguns livros de Sheldrake foram traduzidos para o português: *A presença do passado: ressonância mórfica* (Instituto Piaget, 1995), *O renascimento da natureza: O reflorescimento da ciência de Deus* (Cultrix, 1993), *Sete exercícios que podem mudar o mundo* (Cultrix, 1999), *Cães sabem quando seus donos estão chegando* (Objetiva, 1999).

das crianças pequenas com a informática. São condutas que demonstram que o ser humano não nasce "zerado".

Certa vez me perguntaram em uma palestra se existe destino. Respondi que sim, e tirei do bolso o bilhete aéreo com que viajara até ali. O bilhete informava a origem e o destino do voo. E eu disse: "Depois que o avião decolou, eu só poderia mudar o destino da minha viagem se fosse um terrorista".

Se, em uma rodovia, eu decidir que quero voltar ao ponto de partida, precisarei seguir por mais um trecho até encontrar o retorno. Se quisesse retornar dali mesmo, dando marcha à ré ou trafegando na contramão, eu me arriscaria a gerar um desastre (palavra que, literalmente, significa "sem os astros"), pela minha falta de ligação com os indicadores daquela viagem. Isso mostra que, mesmo tendo direito à liberdade e à escolha, há situações que se submetem às leis da natureza e não permitem contrariedade sem prejuízo.

Enfim, o fato é que estamos sempre criando o nosso destino. Ao decidirmos viajar, criamos o nosso destino, determinado pelas circunstâncias já mencionadas. Podemos afirmar que, depois de nascer, temos a opção de segui-lo ou não. Se o seguirmos, chegaremos ao objetivo da viagem; se não o seguirmos, nós nos arriscaremos a insatisfações, frustrações etc. Quanto maior for o nosso autoconhecimento, mais confortável será a viagem, pois o bom uso do livre-arbítrio é determinado por ele. Uma pessoa tem o tanto de arbítrio quanto tiver de autoconhecimento. Quanto maior for seu autoconhecimento, maiores serão sua capacidade de arbitrar e sua liberdade de escolha.

Um bom exemplo: escolhas profissionais, na vida pessoal, emocional, familiar, amorosa. Até que ponto as escolhas feitas têm afinidade com as necessidades e inclinações de cada um?

Partindo-se dessa compreensão, vê-se que a estrutura da mente pode ser trabalhada, e suas faculdades, aperfeiçoadas. Para ser agente do próprio destino, a pessoa precisa desenvolver a consciência, a percepção de sua estrutura mental, suas limitações e virtudes, e perceber como funciona sua mente.

Sabemos que, do ponto de vista espiritual, cada pessoa tem uma missão, que se encontra no campo do destino, embora seja possível atuar sobre ele. Cada um de nós produz um destino todos os dias, como se comprasse uma passagem para algum lugar.

Na agricultura celeste, o caminho da realização ou da solução de um problema tem início com a reflexão a respeito do assunto para que, ao agirmos, o façamos em conformidade com esse entendimento, a fim de percebermos quanto de arbítrio e de destino há em determinada situação.

Como aranhas, criamos teias e muitas vezes nos aprisionamos nelas. E lamentamos: "Oh, sempre acontece a mesma coisa comigo". Mas o padrão foi criado por nós mesmos, nós que riscamos o disco, por isso a frase musical se repete. É fato que algumas pessoas já nascem com parâmetros predefinidos (principalmente em termos genéticos ou físicos) — o que por si já determina algum destino. É o caso de alguém que nasceu com algum tipo de característica que a impede de fazer uma atividade que para outros parece simples.

Dessa forma, tomar consciência de limitações e restrições torna mais fácil a caminhada de qualquer um. O trabalho da agricultura celeste faz que a pessoa redirecione suas inabilidades e habilidades. Existem aptidões que podem ser desenvolvidas e, à medida que ganham corpo, transformam seu portador em dono de seu livre-arbítrio. Essa é uma realidade para boa parte das pessoas assertivas. Contudo, há uma tendência, nesse perfil de pessoa, de se achar poderosa demais, como se tudo pudesse. Porém, o indivíduo só pode o quanto percebe.

Na prática, a simples maneira de falar pode interferir no efeito que uma pessoa está buscando. É o que acontece com alguém que se dirige a outro de forma grosseira. Recebe, portanto, uma resposta também grosseira, e reclama, porque não percebeu o que disse e só o que recebeu como resposta.

Do texto bíblico — o qual afirma, na introdução do Evangelho de João, que "no início era o Verbo e o Verbo estava com Deus, e o Verbo era Deus" — até as técnicas mais recentes propostas pela programação neurolinguística (PNL), o estudo da importância da palavra, para além do campo da linguística, tem mostrado cada vez mais sua contribuição para a compreensão do comportamento humano.

A PNL baseia-se na ideia de que a mente, o corpo e a linguagem interagem para criar a percepção que cada indivíduo tem do mundo. A técnica busca reproduzir comportamentos e crenças de pessoas bem-sucedidas por meio de uma variedade de recursos destinados a proporcionar uma capacidade pessoal de comunicação e de mudança da realidade individual, graças ao emprego criterioso de palavras positivas. Portanto, quando alguém se lamenta com expressões como "eu não consigo" ou "sempre me acontece tal coisa", está na realidade chamando para si o efeito negativo contido naquelas palavras.

Então, é de perguntar: existe um destino? É claro que existe, neste caso por força do resultado da maneira de falar de cada um.

Saint-Martin explicava que, para os seres iluminados, livre-arbítrio e destino são a mesma coisa. Por quê? Porque eles têm consciência do que estão fazendo. Quando se fala em seres iluminados, somos levados a pensar em Buda, Krishna, Jesus. Mas não é preciso subir tão alto. Podemos fazer coincidir o livre-arbítrio e o destino diante de uma situação corriqueira, desde que a pessoa em questão atue em harmonia com as leis da natureza, inserindo-se nela como agente do processo e centro do que está acontecendo. Esta é a base do caminho da realização. Portanto, podemos concluir que livre-arbítrio e destino são a mesma coisa. Aspectos da mesma realidade, vista por referenciais distintos. O destino é tridimensional, e o livre-arbítrio tem ainda muito mais lados. Assim, o destino é o corpo, o livre-arbítrio, o espírito. O espírito é um prisioneiro do corpo.

O planejamento de vida de qualquer um precisa levar em consideração o fato de que não estamos sós e que em tudo há a interferência de outras pessoas, da natureza etc. Se vai chover, não temos arbítrio a tal respeito, mas podemos escolher sair ou não na chuva. O mesmo raciocínio vale para os demais fatos da vida. A carreira profissional não está bem? Se algo não está bem, é preciso que o interessado examine por que isso aconteceu com algo que ele mesmo criou — sua carreira. E não basta compreender isso. É necessário entender também o que ele fez para chegar a esse destino.

Nesse ponto, precisaremos examinar os campos do ter e do ser. O ter está associado ao destino; o ser, ao livre-arbítrio. Quando o segundo domina o primeiro, nossa capacidade de arbitrar se torna maior. É o que faz um marinheiro experiente que conduz um barco em mar tempestuoso (e conhece as forças da natureza). Já quem apenas tem a propriedade do barco, mas não sabe navegar, será engolido em alto-mar. É a matéria dominando o espírito. O ter, assim, é claramente algo do campo material, e o ser, do espiritual. O espírito é quem deve conduzir a matéria, e não o contrário. Esta é outra chave da agricultura celeste.

Há outros exemplos de frustração pessoal, como a indústria cosmética, tipicamente dominada pelo ter, da mesma forma que as modelos internacionais e os atletas — de carreira curta, porque dependem de sua forma física —, que estão sujeitos a doenças e frustrações com o passar do tempo. E mesmo os grandes executivos, homens de sucesso material, cujas decisões são baseadas no ter em vez do ser. Ou ainda nos casamentos movidos por interesses materiais, nos quais há prevalência do ter sobre o ser.

Há também dois outros conceitos que podemos examinar dentro do tema destino e livre-arbítrio: o da responsabilidade pelos atos praticados — com graves consequências para quem não toma esse cuidado — e o do merecimento, que premia quem faz benfeito e obedece às leis naturais. Uma delas é a chamada lei da paz interior, que define a ação de quem está afinado com a natureza, coerente com seus valores e sua essência, e por isso dorme com o coração tranquilo.

Mesmo a opção de ser feliz é um arbítrio, pois saber querer é a verdadeira sabedoria: não querer o que não tem que ver com nossa natureza individual, como desejar que o pé de laranja produza bananas. A sociedade ocidental criou o conceito de interferência quando, por exemplo, em vez de procurar a sombra de uma árvore, o homem corta a árvore e constrói uma cobertura para ter a mesma sombra. É um caso típico de livre-arbítrio exagerado, que leva as pessoas à crença de que podem tudo, sem harmonia com a natureza.

Na metodologia da agricultura celeste, estabelece-se uma comunicação interior dos elementos (ter e ser) pelo fato de o homem estar afinado com as leis da natureza. De outra forma, se apenas impusesse sua vontade, ele agiria como uma criança mimada. Vemos, assim, que a lei do merecimento é a lei do destino. Por meio dela podemos mudar para melhor o *script* de nossa vida, ganhando autonomia e deixando de viver a reboque de tudo e de todos.

Satisfação e realização pessoal

Quando partimos da premissa de que todo ser humano tem como objetivo fundamental encontrar um estado de plena satisfação em sua vida, torna-se essencial entender o que seja satisfação, pois algo que é satisfatório para uma pessoa pode não ser para outra.

Se assim não fosse, nossos colegas analistas, psicólogos ou psicanalistas estariam fadados a mudar de profissão por absoluta falta de clientela. Contudo, o que ocorre é exatamente o contrário: seus consultórios estão cada vez mais concorridos. São poucos profissionais para tantos clientes em busca de autoconhecimento, realização pessoal e, consequentemente, acesso a um pleno estado de satisfação.

De forma ampla, as pessoas procuram livrar-se dos grilhões que as impedem de encontrar a felicidade. Sabem, além disso, que a solução está dentro delas e que só precisam de alguém que as auxilie a enxergar e dimensionar suas qualidades e carências.

Portanto, uma pessoa realizada é, sem dúvida, uma pessoa satisfeita. Ou, ainda — em uma amplitude maior —, encontrou seu "caminho de vida".

A maioria das pessoas declara que o "estado de plena satisfação" é sua meta de vida, no entanto, esse estado tem um sentido utópico, impossível de ser obtido em circunstâncias normais. Elas se sentem felizes se alcançarem satisfação "em alguns momentos ou situações". Daí a crença generalizada de que a satisfação plena é inatingível ou, quando muito, acessível a um número muito pequeno de "eleitos" ou "iluminados".

Definitivamente, isso não pode estar certo, pois se cremos em Deus, em uma Força Maior, não podemos aceitar que a satisfação plena seja inatingível ou que devamos nos conformar com uma vida de migalhas de realização. Estou entre os que consideram que Deus ama a todos da mesma forma e com a mesma intensidade, ou seja, não apenas os sofredores são amados por Ele. Portanto, deixar de buscar a satisfação é desperdiçar a oportunidade de viver plenamente e em paz profunda, como afirmam os rosacruzes.

Seria simplista afirmar, porém, que basta desejar encontrar a satisfação e, imediatamente, ela se nos apresentaria. Ocorre que muitas pessoas não a encontram por não saberem o que é ou onde está, de tão envolvidas e "contaminadas" que estão pelo contexto sociocultural e familiar em que vivem mergulhadas. Ou seja, entendem que sua meta de realização será atingir um padrão sociocultural e profissional aceitável pela sociedade. Portanto, pensam que a realização e a satisfação têm origem fora delas.

Mais claramente, as pessoas assimilam padrões, projetos e metas de vida impostos, direta ou indiretamente, pela sociedade e pela família, deixando de lado seus próprios padrões e metas latentes. Na maior parte das vezes, não se trata nem de "deixar de lado" os próprios anseios, e sim de não haver sequer a oportunidade de conhecê-los. Do ponto de vista psicológico, isso representa uma verdadeira agressão ao indivíduo. A chamada filosofia de vida do mundo ocidental nos tem legado a essa atitude antinatural há séculos, em nome do domínio da razão e da busca de um conhecimento e compreensão inatingíveis, por princípio, já que estamos na contramão na estrada do autoconhecimento.

É evidente que a satisfação nunca será atingida se não houver uma clara visão daquilo que nos é próprio em contraposição àquilo que nos foi "emprestado" pela sociedade ou pela família. Isso não quer dizer que tanto a família quanto a sociedade sejam nocivas ao indivíduo, mas que ambas não devem ir além dos limites necessários ao crescimento do indivíduo como "ser individuado", livre e independente, pois só assim ele poderá tomar decisões tendo a si mesmo como parâmetro fundamental — não em uma perspectiva egocêntrica, mas caracterizando seus atos por uma "integralidade".

A sociedade e a família devem ser entendidas como "campos de experiência" habitados pelo indivíduo em seu processo constante de evolução, e esse é um dos desafios propostos pela complexidade do ser. A astrologia nos transmite essa mensagem de forma clara quando delimita as chamadas "Casas Terrestres".[20]

Assim, pode-se perceber a grande diferença entre o "sucesso mundano" e o "estado de satisfação" de que estamos tratando aqui. Se buscar metas não alinhadas com o seu verdadeiro ser, o indivíduo nunca encontrará o estado de satisfação, por mais sucesso mundano que possa exibir. Não fosse assim,

---

20. Casas Terrestres, também denominadas casas mundanas, são um dos blocos básicos dos mapas astrológicos. Ao lado dos signos zodiacais, também chamados de casas celestes, os planetas (incluídos também o Sol, a Lua e as estrelas) e os aspectos ou angulações compõem as bases dos significados astrológicos. Nesse conjunto, as casas terrestres são vistas como campos de experiência, nos quais o indivíduo vivenciará as influências dos astros, signos e aspectos.

o consumo de álcool e drogas e os índices de suicídios seriam muito menores nas "classes socialmente privilegiadas".

Portanto, satisfação é a realização plena dos desejos e necessidades do ser. É o mesmo que ouvir o chamamento interior — do latim *vocare* (chamar) —, ou seja, a vocação. É importante destacar também que, no âmbito do conhecimento científico atual, só a astrologia permite a identificação objetiva e completa dos desejos e necessidades do ser, podendo classificá-los em intensidade e ordem de importância, além, é óbvio, de discernir o que é próprio e o que é adquirido.

A importância dos valores essenciais

Para a realização plena dos desejos e necessidades do ser, no sentido amplo exposto anteriormente, é fundamental que se identifique o que é próprio e o que vem de fora. Neste ponto surge sempre a discussão acerca da existência ou não de um destino preestabelecido e imutável, sugerindo a ideia de que o ato de viver é apenas uma reação a esse programa chamado destino.

Não é assim, em absoluto, pois a se crer na imutabilidade do destino, acreditar-se-ia obrigatoriamente na inexistência do livre-arbítrio — conclusão perigosa, uma vez que o livre-arbítrio é, e sempre foi, uma das colunas de sustentação do equilíbrio entre as relações humanas.

A ideia mais lógica e abrangente é a que propõe a existência em paralelo do destino e do livre-arbítrio, ambos atributos do ser humano em sua jornada pela vida. Se entendermos que o destino é a sujeição do homem às leis naturais, esse conceito não afrontará o do livre-arbítrio e tornará lógica a existência em paralelo dos dois atributos, de resto complementares. Para esclarecer esse ponto pode-se fazer uma analogia com a informática: o homem nasce com alguns *pro-*

gramas já escritos e, ao longo da vida, pode aperfeiçoá-los ou mesmo alterá-los, mas nunca mudar sua função básica. Ou seja, se o programa é uma *planilha eletrônica*, jamais será um *editor de texto*, mesmo que se faça uso dele nesse sentido.

Seguindo no mesmo exemplo, o fato de alguém nascer como *programa de planilha eletrônica* e de outro nascer como *programa de editor de textos* é consequência das leis naturais. Uma das formas de medir e entender essas leis se dá pela astrologia que, em última análise, pode ser definida como um "modelo físico-simbólico" de compreensão das leis naturais aplicadas ao homem e à humanidade em sua existência.

Esse exemplo facilita a compreensão do que é satisfação, pois se o ser nasce como uma *planilha eletrônica* — fruto das leis naturais ou destino — e, ao longo da vida, deseja atuar como *editor de texto* — fruto de seu livre-arbítrio —, vários textos serão produzidos. O resultado, contudo, não será satisfatório, já que o programa foi criado para produzir planilhas eletrônicas, e portanto seus recursos serão usados de forma inadequada. Pode-se dizer, com certeza, que nesse caso há um desperdício de potencial.

Por isso, é muito importante que o indivíduo identifique seu programa para atuar na vida de forma adequada e, naturalmente, aperfeiçoar sua utilização e até alterá-la, sempre dentro das mesmas características. No contexto humano, os "programas" serão chamados de valores essenciais e necessidades básicas. Dessa forma, valor essencial é algo que o indivíduo carrega dentro de si e que, quando associado a uma atividade diária, proporcionará satisfação pessoal e realização interior.

Um valor essencial é algo que impulsiona o indivíduo, levando-o a definir os passos que dará na vida segundo essa motivação, de forma consciente ou inconsciente. Se suas atividades diárias não estiverem afinadas com tais valores, o indivíduo vivenciará um estado constante de insatisfação e carência. Claro que, se ele desconhece seus valores essenciais, sua vida tende a ser marcada pela dúvida e por uma sucessão cíclica de erros.

Para melhor compreender esse princípio é preciso definir dois grandes campos da experiência humana: o campo do ser e o campo do ter. O campo do ser representa a essência do indivíduo, seus potenciais e características, passando por seus desejos inatos e pelas necessidades daí decorrentes. Já o campo do ter representa suas atividades, ações e conquistas, seja no plano material ou emocional. Evidentemente, se o indivíduo deseja *ter* algo que não se afine com o seu *ser*, ao obtê-lo experimentará a necessidade de "algo mais", já que este "ter" não supriu as satisfações do ser. Mais precisamente, só haverá satisfação quando o indivíduo obtiver algo com valor real e preexistente para seu ser.

Do ponto de vista prático, os valores essenciais são conceitos psicoespirituais que nascem com o indivíduo e, consequentemente, geram *necessidades básicas* a serem satisfeitas ao longo da vida. Assim, um único valor essencial presente em um indivíduo gerará várias necessidades básicas.

Todo indivíduo possui valores essenciais inerentes ao seu ser, que nascem com ele, estão em seu âmago. Esses valores determinarão as necessidades básicas, traduzidas por desejos interiores e absolutamente pessoais, independentes das influências da sociedade, da família ou do meio. Quando o indivíduo consegue identificar tais necessidades e busca satisfazê-las, encontra satisfação e vivencia um estado de realização interior.

Por definição, os valores essenciais e as necessidades básicas estão no campo do ser, ao passo que as metas e atividades diárias estão no campo do ter. No mundo do ser não ocorrem interferências externas ao indivíduo, ou seja, ele é o que é. Já no terreno do ter, a vulnerabilidade às influências externas é elevadíssima, de tal forma que o indivíduo acaba por desenvolver necessidades (que não são as básicas, conforme já descrito) e por estabelecer metas que não estão de acordo com seu ser, gerando uma dicotomia entre sua essência e sua expressão no campo do palpável, seja de forma objetiva ou subjetiva.

Em termos práticos, isso quer dizer que o indivíduo estabelece necessidades e metas com base em valores sociais, culturais e familiares que nem sempre estão em concordância com seus valores essenciais, ou inerentes ao seu ser. Acredito, em função de minha experiência como consultor, que a maioria das pessoas age assim. O leitor poderá fazer um autoexame e verificar quantas vezes direcionou sua vida atendendo a apelos da família ou do meio sociocultural.

Fica mais fácil, agora, entender a importância que os psicólogos dão ao que chamam de individuação[21], pois apenas um indivíduo na plenitude de sua autoexpressão é capaz de se realizar satisfatoriamente. Possuir a plenitude da autoexpressão é ser livre e independente, de tal forma que suas decisões sejam sempre norteadas por aquilo que efetivamente se é, e não por uma imagem produzida pela educação de origem, formação escolar, cultural ou religiosa.

---

21. A individuação, conforme descrita por Jung, é o processo pelo qual o ser humano evolui de um estado infantil de identificação para um estado de maior diferenciação, o que implica uma ampliação da consciência. Por esse processo, o indivíduo se identifica menos com as condutas e valores encorajados pelo meio no qual se encontra e mais com as orientações emanadas de sua totalidade (entenda-se totalidade como o conjunto das instâncias psíquicas sugeridas por Jung, tais como *persona*, sombra, *self* etc.).

Leis naturais

É indispensável, nesta altura, que levemos em conta as chamadas leis naturais para a correta compreensão da agricultura celeste.

Normalmente, o conceito de *leis naturais* é mais facilmente aceito pelas pessoas quando ligado à física, à química ou às ciências naturais[22] ao se estudar, por exemplo, a gravidade ou o princípio de Lavoisier[23]. Mais raro, porém, é alguém considerar "natural" a inserção do ser humano nessas mesmas leis, pois se diz que o homem vem ao mundo dotado de livre-arbítrio e, em função dessa qualidade, se julga no direito de interferir na natureza como se dela não fizesse parte.

Uma vez convencidos de que o homem e a natureza compartilham as mesmas leis, inerentes a ambos, podemos então compreender com mais profundidade o ser humano,

---

22. As ciências naturais são o ramo das ciências que estuda o universo, que é entendido como regulado por regras ou leis de origem natural, ou seja, os aspectos físicos e não humanos.

23. O químico francês Antoine Laurent Lavoisier (1743-1794) é considerado o pai da química moderna, por ter estabelecido princípios que norteiam essa ciência até hoje. Seu primeiro princípio diz que "Na natureza nada se cria, nada se perde, tudo se transforma".

que é o objeto de nosso estudo. Sabemos que a existência de determinado fenômeno só pode ser confirmada quando tal acontecimento é devidamente iluminado pela consciência do ser humano. Fora disso, ele não existe.

O ser humano, obviamente, é parte da natureza. Destaca-se entre os demais seres naturais por ser racional. Assim, é vital que entendamos que a natureza não se resume às plantas ou aos mares e corpos celestes, mas que compreende todo o sistema cosmológico no qual o homem está inserido.

A história, a propósito, nos conta que os indígenas da América Central não foram capazes de visualizar de imediato as naus de Colombo chegando ao continente, em outubro de 1492. Segundo alguns relatos, o pajé que os acompanhava percebeu uns contornos no mar, viu corpos que se movimentavam a distância, mas só depois de quatro dias de observação constante compreendeu que aquelas formas desconhecidas e nunca imaginadas por eles eram navios. Isso nos mostra de forma simples que a percepção, ligada à imaginação, é que permite às pessoas entender a realidade. O que é desconhecido da mente do homem e está além da sua imaginação (como as naus de Colombo para aqueles nativos) pode nem ser percebido.

Uma lei natural crucial para o entendimento do ser humano é a compreensão do que seja o tempo. Por quê? Porque podemos concluir que o tempo é o próprio homem, sua essência, e se há algo que não podemos transformar é a natureza do tempo. Nós o medimos, e o dicionário o define como "um *continuum* de eventos que se sucedem". A definição é correta, porém insuficiente.

Alguns autores dizem até que o tempo não existe; o que existe é o passar do tempo. Um dos exercícios que se costuma propor em sessões de concentração mental é observar a marcha do ponteiro dos segundos de um relógio. O exercício nos obriga a compreender que o tempo não para. Muitos abandonam a sala, tamanha angústia provocada por essa constatação.

Um dos mais bem guardados segredos da vida se traduz na relação do homem com o tempo. Tudo depende disso. Perdemos tempo em nossos deslocamentos, na produção e divulgação de informações, em todas as atividades que realizamos e nos atos banais e imprescindíveis que compõem "o *continuum* de eventos que se sucedem" em nossa vida. Por isso, um dos mais acalentados sonhos humanos — em certos casos uma aflição — é o de administrar o tempo a seu favor.

Esse é um assunto tão intrigante para o homem que, no terreno da ficção, autores célebres criaram "viagens no tempo", realizadas nas mais improváveis e fantasiosas "máquinas do tempo". A reedição interminável dessas aventuras — depois levadas ao cinema, à tevê ou aos videogames — é a prova definitiva de que o ser humano insiste em continuar sendo o agente de tudo e não abre mão de interferir no tempo. No entanto, o máximo que consegue é melhorar sua percepção do tempo, administrando-se dentro dele.

Sem o homem não há tempo, disse Heidegger[24]. E, para o psicanalista inglês Donald Winnicott[25], o homem é também um exemplar do tempo. Desde o início da vida ele se vê

---

24. O filósofo alemão Martin Heidegger (1889-1976) é considerado um dos pensadores fundamentais do século XX, tendo influenciado diversos outros, entre eles Jean-Paul Sartre. Sua obra fundamental, publicada em 1927, denomina-se O *ser e o tempo*.

25. Donald Woods Winnicott (1896-1971), pediatra e psicanalista inglês. Baseou-se em sua experiência clínica de mais de 40 anos para criar uma teoria do desenvolvimento que, como ele sempre se preocupou em afirmar, nunca a adotou por si mesma. Ele achava fundamental "partir da própria experiência e deixar as coisas serem o que são".

diante da temporalidade, seja como algo alheio ao seu sentido de ser ou como elemento de sua subjetividade. O homem vive no tempo, relaciona-se com ele, é o próprio tempo, embora a maioria das pessoas faça dele um monstro devorador ou uma ameaça à existência.

O homem pode, ainda, criar situações delicadas para si mesmo ao desdenhar do tempo, como nos exemplos cômicos e um tanto ridículos da senhora madura que insiste em se vestir, pentear-se e maquiar-se como uma adolescente, ou do senhor idoso e recalcitrante que não abandona a tintura para cabelos ou a peruca. Em outro extremo, há a trágica constatação da psicologia de que toda neurose contém em si um grau maior ou menor de anacronismo emocional, isto é, de ausência de percepção da passagem do tempo. Assim como o homem não está acima nem à parte da natureza, mas pertence a ela, como já vimos, tampouco está a salvo do tempo. Como disse um personagem de Machado de Assis em *Memórias póstumas de Brás Cubas*, "matamos o tempo; o tempo nos enterra".

Apesar de tudo, o ser humano só amadurece com suas experiências ao longo do tempo e, nesse processo, "Cronos"[26] torna-se seu amigo. Rumi[27], pensador persa do século XIII, dizia que embora o ramo pareça ser a causa do fruto, o fruto é que é,

---

26. Na mitologia grega, Cronos é o deus do tempo. Ele castra o pai, Urano, ocupa seu lugar e se casa com a irmã, Reia. Ao saber que seria destronado e morto por um de seus filhos, Cronos devora todos ao nascerem. Sua mulher esconde dele o último filho, Zeus, que se acerca do pai e lhe dá uma bebida que o faz vomitar e restituir à vida todos os filhos que havia devorado. Depois de derrotar o pai, Zeus liberta os irmãos e sobe ao Olimpo, de onde passa a comandar os homens e os deuses.

27. Mawlana Jalal-ad-Din Muhammad Rumi (1207-1273) foi um poeta, jurista e teólogo muçulmano persa do século XIII. Seu nome significa literalmente majestade da religião: Jalal significa majestade e Din, religião.

na verdade, a razão de ser do ramo — o que leva à conclusão de que o ser humano busca a maturação e a autorrealização, e, nesse processo, apresenta-se ao mundo de modo singular.

Aprendemos que há diferentes sentidos de tempo: o cósmico, o histórico, o existencial. Como explica o filósofo existencialista Berdyaev[28]: "O tempo cósmico é calculado matematicamente com base no movimento de rotação e translação da Terra. Com ele se estabelecem os calendários e os relógios. Ele é simbolizado por um turbilhão. O tempo histórico está como que encaixado no tempo cósmico e pode ser contado matematicamente por dezenas de anos, por séculos, por milênios". Nenhum fato, porém, se repete na linha do tempo, como confirma a frase segundo a qual "a história só se repete como farsa". O tempo é simbolizado por uma flecha dirigida para o futuro, para o novo.

Há poucas décadas, a moderna tecnologia industrial refinou ainda mais o registro do tempo ao introduzir os relógios de quartzo, nos quais minúsculas peças desse cristal fazem seus mecanismos oscilarem a mais de 32 mil vibrações por segundo, produzindo extraordinária precisão na medição do tempo e proporcionando baterias de durabilidade também notável.

Já o tempo existencial não se calcula matematicamente. Seu curso depende da intensidade com a qual se vive nele, depende de nossos sofrimentos e de nossas alegrias. Ou, para

---

28. Nikolai Berdyaev (Rússia, 1874-1948), filósofo, político e religioso, envolveu-se no ambiente revolucionário que dominou o país no início do século XX. Por ser crítico do autoritarismo bolchevique, exilou-se na França, onde lecionou, promoveu palestras e publicou quinze livros. A ele se atribui a introdução de uma linha de pensamento chamada realismo místico. Obras mais conhecidas: *O sentido da história* (1923) e *O destino do homem* (1937).

citar o padre Antônio Vieira[29], "nem todos os anos que passam se vivem: uma coisa é contar os anos, outra é vivê-los". A frase do maior orador sacro da língua portuguesa evidencia a importância de distinguirmos a forma como os eventos da vida são percebidos. Por isso se diz popularmente que "o que é bom dura pouco", enquanto o sofrimento parece nunca ter fim...

Também se pode dizer que o tempo cósmico é caracterizado pelo movimento cíclico e ritmado que torna a vida humana na terra igual aos fenômenos naturais, com começo, meio e fim. O tempo histórico é produto da ação do homem, fundada na liberdade e prolongada pelas gerações. E o tempo existencial é o "eterno agora", livre do tempo cósmico e do histórico. É o tempo do ser, no qual o homem vive o fruir do presente. Para alguns, é nele também que acontecem as experiências do sagrado, em que a ação humana abre a possibilidade de o divino acontecer no mundo. Assim, a percepção do tempo se mostra essencial para o êxito de nossas tarefas, tanto nos assuntos mais elevados como no gerenciamento cotidiano de receitas e despesas e no fluxo de caixa bem administrado, revelado pela percepção e atendimento adequados de nossas necessidades.

O tempo recuperado

O fascínio pelo tempo é algo do qual quase ninguém escapa. Em 1909, o jovem Marcel Proust[30], considerado um dândi ta-

---

29. O jesuíta Antônio Vieira (1608-1697) foi poeta e um escritor produtivo do barroco em língua portuguesa. Escreveu duzentos sermões, entre os quais se destaca o "Sermão da Sexagésima", além de quinhentas cartas e profecias que reuniu no livro *Chave dos profetas*, nunca concluído.

30. O escritor francês Marcel Proust (1871-1922) ficou conhecido principalmente por sua obra *Em busca do tempo perdido*, publicada entre 1913 e 1927.

lentoso por ter publicado alguns anos antes uma encantadora crônica chamada *Os prazeres e os dias* (1896), estava às voltas com o calhamaço de mil páginas em que se transformara um ensaio que ele mantinha guardado.

No verão daquele ano, porém, ao imaginar que o herói de seu ensaio havia sido convidado para passar uma manhã na casa da princesa de Guermantes, ele teve a revelação do tempo em suas duas dimensões — tempo interior, produzido por reminiscências, e tempo exterior, revelado pelos rostos envelhecidos dos convidados da princesa. Resolveu então dar um desfecho romanceado ao ensaio, que acabou por se transformar nos sete volumes de *Em busca do tempo perdido*[31].

Quando o caminho percorrido pelo herói encontra finalmente o tempo (que lhe permite reencontrar seu eu), ele evoca o tortuoso caminho do inocente cavaleiro Parsifal, fiel caçador do Santo Graal[32].

Os fatos a nosso favor

Ficou convencionado que o elemento básico do tempo é um evento. Se conseguíssemos controlar esse evento, poderíamos

---

31. Os sete volumes do romance são: "*O caminho de Swann*", "*À sombra das raparigas em flor*", "*O caminho de Guermantes*", "*Sodoma e Gomorra*", "*A prisioneira*", "*A fugitiva*" e "*O tempo redescoberto*".

32. A saga do cavaleiro Parsifal e sua busca do Santo Graal reúne lendas que remontam à Paixão de Jesus Cristo e a histórias medievais segundo as quais o Graal — cálice ou prato nos quais Jesus teria sido servido na última ceia com seus discípulos — despertou a devoção dos cavaleiros da corte do Rei Artur, da Inglaterra. Os melhores desses cavaleiros compreenderam que o Graal é o símbolo da "graça do Espírito Santo", concedida àqueles que fazem penitência e sabem escapar das tentações do mundo. São homens — Parsifal é um deles — caracterizados pela humildade e pela castidade, a quem é dado conhecer os mistérios mais recônditos do Graal, que não é outra coisa senão Deus visto face a face.

de alguma forma gerenciar a vida. Assumir o domínio da vida é a mesma coisa que assumir o domínio do tempo, pois a vida e o tempo estão intimamente relacionados. Ambos compõem uma lei natural importante porque definem o trajeto e o tempo necessário para se chegar onde queremos.

Há dois tipos de acontecimentos: os que não podemos administrar, mas erroneamente nos sentimos capazes de fazê-lo, e aqueles que não dominamos, mas podemos administrar se nos esforçarmos. Quanto de estresse as pessoas economizariam se agissem em determinadas situações e não interferissem em outras! É enorme a frustração de quem ambiciona realizar uma intervenção que não lhe cabe. Na outra ponta, ter a capacidade de fazer algo e não fazê-lo é também um tormento...

Examinando nossa vida e as relações humanas, veremos como estamos ligados a acontecimentos sobre os quais somos capazes de interferir e a outros em relação aos quais nada podemos fazer. Nossa atitude nesses casos é ditada por condicionamentos culturais, sociais, religiosos, crenças adquiridas etc. Há, a propósito, uma bem conhecida oração, que exprime a perplexidade dos homens diante de seus limites. Sua frase inicial é: "Concedei-nos, Senhor, a serenidade necessária para aceitar as coisas que não podemos modificar, coragem para modificar aquelas que podemos e sabedoria para distinguir umas das outras".

O pedido faz parte da *Oração da Serenidade*, escrita pelo teólogo Reinhold Niebuhr[33] para um sermão que ele proferiu sobre "Os doze passos para os cristãos". Em 1942, em Nova

---

33. Karl Paul Reinhold Niebuhr (1892-1971), teólogo, político e pensador norte-americano, destacou-se como teólogo neo-ortodoxo em sermões e em obras como *Crianças da luz e crianças das trevas* (1944).

York, as pessoas que se reuniam no escritório local do Alcoólicos Anônimos (AA) ficaram impressionadas com a força e sabedoria contidas na oração, encontrada por eles em um anúncio fúnebre de jornal. "Nunca tínhamos visto tanto da essência do AA em tão poucas palavras", escreveu na época um dirigente da instituição. Alguém sugeriu, então, que se mandasse imprimir a oração em um pequeno cartão, do tamanho de uma cédula, para que fosse incluída em todas as cartas a serem despachadas para os que lutavam contra o alcoolismo[34].

Os ciclos do universo

Uma lei natural dita que a paz interior é o resultado da serenidade e do equilíbrio em nossas vidas, obtidos quando administramos o tempo a nosso favor. Como já foi dito, não podemos impedir que chova, mas podemos decidir se vamos ou não nos molhar. Sem tal margem de liberdade não seria possível chegarmos à paz interior, já que o ser humano está inserido na natureza, e não separado dela.

As leis naturais, por sua vez, têm uma dimensão muito maior porque regem as diversas naturezas — não só a que podemos ver em nosso planeta como o conjunto do cosmo, que interage com ela e faz tudo acontecer em seus diversos

---

34. A íntegra da *Oração da Serenidade* diz: "Concedei-nos, Senhor, a Serenidade necessária/ para aceitar as coisas que não podemos modificar/ Coragem para modificar aquelas que podemos/ e Sabedoria para distinguir umas das outras/ Vivendo um dia de cada vez,/ Apreciando um momento de cada vez;/ Aceitando os reveses como caminho para a paz;/ Percebendo, como Ele fez,/ Este mundo perverso como ele é,/ Não como eu gostaria que fosse;/ Confiando que endireitarás as coisas,/ Se eu me entregar à Tua vontade;/ Para que eu seja razoavelmente feliz nesta vida/ E supremamente feliz contigo/ Para sempre, na outra. Amém".

aspectos. Uma mancha solar— todos sabem — produz efeitos aqui na Terra. E a astrologia, que é um modelo matemático simbólico, amplia ainda mais o fenômeno da interdependência das naturezas ao incluir nele também o comportamento humano. Descreve e explica um modelo de leis que mostra como funciona o comportamento humano.

Como explicou Jung ao definir o princípio da sincronicidade, que ele desenvolveu no início do século passado, "a ligação entre os acontecimentos, em determinadas circunstâncias, pode ser de natureza diferente da ligação causal e exige outro princípio de explicação". Seguindo esse raciocínio, a física moderna admitiu como apenas relativas algumas das leis naturais ao estabelecer que a causalidade se mostra um princípio válido apenas estatisticamente, insuficiente para explicar diversos fenômenos raros e aleatórios. Estes, segundo Jung, espelhariam "a coincidência, no tempo, de dois ou vários acontecimentos, sem relação causal, mas com o mesmo conteúdo significativo".

Da mesma forma, a Lua e as marés definiram há muito os ciclos femininos seguidos pelos médicos ainda hoje. Sabemos que o ser humano e o universo apresentam movimentos cíclicos. O Sol nasce, põe-se, volta a nascer, a Terra realiza seus ininterruptos movimentos de rotação e translação. A cada quatro minutos a Terra avança um grau em seu movimento de rotação. Enquanto isso, o ser humano respira uma vez a cada quatro batimentos cardíacos. A relação de quatro para um está presente em tudo: nas quatro estações do ano, nos quatro pontos cardeais da Terra, nos quatro temperamentos humanos descritos pela medicina rudimentar, nas quatro fases do dia, nos quatro elementos primordiais do universo etc.

Esse estudo nos mostra uma chave importante para a compreensão do comportamento humano. Como ficou demonstrado, o homem não está isolado, participa do fluxo da natureza, integra-se ao movimento do cosmo, onde nada está parado, ele tampouco. Muda de lugar, de feições, de pensamento, de comportamento. É o eterno devir. Mas também pode estar sujeito a outro fenômeno da natureza: a inércia, da qual precisa fugir, mudar, sair da zona de acomodação, conduzir a própria vida em vez de ser por ela conduzido. Para isso precisa colocar-se no centro de sua vida, transformar-se em agente, tomar o leme do destino. De outra forma não saberia como se conduzir, chocando-se com tudo, pois ele é o próprio tempo e deve reencontrar-se dentro dele. Feito isso, restam-lhe duas alternativas: tomar iniciativas e tornar-se agente da própria vida ou aceitar o triste papel de vítima das circunstâncias que a inércia lhe oferece.

Se, por exemplo, não somos capazes de alterar a lei da gravidade, podemos, porém, nos adaptar a ela. Apesar dessa lei, o avião voa, em aparente desobediência ao que ela estabelece, pois o faz segundo outras tantas leis também naturais, explicadas pelos cientistas.

Da observação da estrutura do ser humano e das leis que regem o universo durante milênios, o conhecimento dos homens elaborou a simbologia mitológica dos planetas à qual se deu o nome de astrologia. Nela, cada função humana está associada a determinado astro, criando-se assim uma linha do tempo na qual destino e livre-arbítrio se entrelaçam, e estabelecem as estruturas para o nosso insucesso ou sucesso. Partimos do passado, estamos na batalha do presente e esperamos chegar ao futuro.

Nessa linha de raciocínio, portanto, a astrologia é a ciência ideal para se estudar o tempo e a administração dos acontecimentos. Ela promove a elevação da autoestima e o autogerenciamento. Para isso, vale-se do planejamento, que é uma ferramenta da agricultura celeste. Quando alguém colhe da árvore do conhecimento um fruto que não deseja, precisará recorrer ao planejamento para encontrar uma nova estratégia de ação e novos valores essenciais que garantam a colheita futura de um fruto saudável e saboroso. Estamos dizendo com isso que esse planejamento é ferramenta indispensável para se assumir o controle da própria vida.

Tal mudança não se processa apenas por obra da intuição ou do simples desejo de mudar. É preciso predeterminar o curso dos eventos — o que, na nossa linguagem, significa trilhar o caminho da realização. A astrologia prevê o curso dos acontecimentos de acordo com as leis naturais. Se o planejamento levá-las em conta, chega-se com mais facilidade ao resultado pretendido, desde que se obedeça o princípio de intervir apenas no que for possível. Esse cuidado amplia nossa assertividade quanto ao que queremos.

Assim, o fruto — de natureza material ou espiritual — tornar-se-á palpável, concreto, terá vida própria no terreno do ter, onde as coisas acontecem. Para só depois se chegar ao esperado e mais importante terreno do ser.

O caminho

A agricultura celeste é a ferramenta mais indicada para quem empreende a trajetória que chamamos aqui de *caminho da realização* ou *caminho da evolução*, seja essa evolução material, emocional ou espiritual.

Para isso, precisamos lançar mão da simbologia dos planetas, encontrada nas ciências ocultas ou herméticas[35]. Os símbolos nos mostram o direcionamento a ser seguido, pois há o entendimento de que eles representam alguns dos astros principais do nosso Sistema Solar. Tais astros, por sua vez, são manifestações e representam, em seus diversos graus, a Luz do Criador.

No que diz respeito a nós, humanos, cada uma dessas expressões de Luz representa uma virtude a ser exercitada e se apresenta ao mundo como uma função da mente humana. No capítulo em que examinamos a estrutura da mente (ver páginas 25 a 37), vimos como cada um dos astros se associa a

---

35. Ciências herméticas ou Hermetismo é o estudo e a prática da filosofia oculta e da magia, associados a escritos atribuídos a Hermes Trismegisto, "Hermes Três-Vezes--Grande". Entre esses escritos estão a Tábua de esmeralda e os textos do Corpus hermeticum, principais bases da ciência e da filosofia alquímica. Os historiadores o consideram um personagem mítico, mas alguns iniciados referem-se a ele como uma pessoa real.

determinada função mental humana. Cabe também dizer que a base da ciência hermética repousa na expressão de que o todo é a mente.

O caminho a ser trilhado, portanto, representa uma sequência lógica estabelecida entre tais astros e espelha, ao mesmo tempo, os movimentos interiores do ser humano, pois alguns deles — como Mercúrio — representam a fala, a comunicação, o transporte, mas também revelam o grau de sintonia de pensamento alcançado por determinada pessoa. Neste trabalho, no entanto, valemo-nos apenas de cada uma das expressões simples desses planetas. Como veremos a seguir, o processo se inicia pela reflexão.

O percurso estabelecido para o que chamamos de caminho se traduz em uma viagem de Mercúrio a Plutão, em ordem diversa da sequência apresentada pela astronomia, uma vez que, na nossa versão, seguimos um roteiro espiral e natural das funções representadas pelo homem. O foco não é

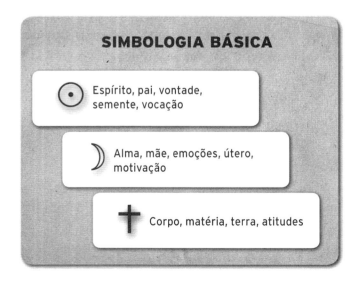

a estrutura física dos planetas, mas sua simbologia associada à estrutura da mente humana.

Do ponto de vista da apresentação visual, cada astro é representado por um símbolo que pode ser composto de até três figuras arquetípicas: o Sol (☉), a Lua (☽) e a Cruz (✝). O Sol representa o espírito, a vontade, a vocação, o *eu* propriamente dito, a semente de onde a pessoa se origina (o pai — arquétipo e tipo). A Lua representa as emoções, a alma no sentido da amplitude, da motivação, tudo o que a pessoa sente. E também, arquetípica e tipicamente, a mãe, o passado vivido, assim como a expressão do dar e receber amor. A Cruz representa a matéria, o corpo no âmbito da encarnação, bem como as atitudes e comportamentos primários.

Por que o caminho vai de Mercúrio a Plutão?

O símbolo de Mercúrio é composto pela Lua, pelo Sol e pela Cruz, nessa ordem, de cima para baixo (☿). O símbolo de Plutão mostra o Sol no alto, depois a Lua e a Cruz (♀), expressando uma ordem mais perfeita que a de Mercúrio, pois este está associado a funções mentais em que a alma não permeia as relações do espírito com a matéria. Está no plano concreto e objetivo. Em Mercúrio, a alma (as emoções e os sentimentos) ficou lá no alto, criando assim a figura de uma gangorra instável, como mostra o desenho da página 80. O trabalho, então, é trazer a Lua e o Sol a esta nova ordem em Plutão, onde o Sol está inserido no útero, que é a Lua, e é sustentado pela matéria.

Por esse motivo Plutão representa a morte e o renascimento, o lendário Graal. Saímos de Mercúrio, nossa razão, até Plutão, a transformação. Como? Fazendo que nosso corpo e nosso espírito sejam permeados pelo amor.

De fato, em Mercúrio, a alma universal não permeia as relações do espírito com a matéria, indicando claramente que suas vibrações são de caráter racional, intelectual, totalmente voltado para situações objetivas. Já Plutão, que se utiliza dos mesmos três símbolos, está em ordem perfeita. A alma permeia as relações do espírito com a matéria e, de outra ótica, a semente está dentro do útero, ou o princípio ativo está inserido no cadinho, tem a forma da taça.

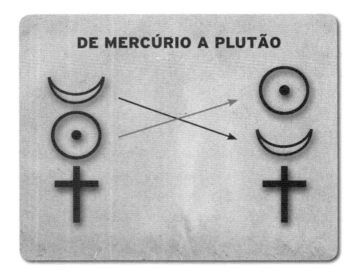

Cabe lembrar que, em praticamente todos os rituais esotéricos, a taça representa a consagração ou purificação, e conduz à evolução sublime. Nesse contexto, a jornada se inicia pelo estudo e a reflexão, até atingir a transmutação.

O esquema a seguir mostra quatro fases representadas pelas faixas que contêm os símbolos planetários. Esses símbolos de planetas constituem cada uma das fases e estão associados também à estrutura da mente humana, com seus quatro níveis: dois da mente consciente e dois da mente inconsciente.

1. O ponto inicial do caminho é representado por **Mercúrio** (☿), o pensamento, que, na prática, é a reflexão a ser feita a respeito da situação em análise. Quando essa reflexão é realizada com base na metodologia da agricultura celeste, automaticamente a pessoa já agrega à reflexão tanto o princípio do **Sol** (☉) — o elemento vontade — quanto o dinamismo de **Marte** (♂), responsável pela ação criativa ou construtiva. Na simbologia de Marte (♂) vê-se o Sol (☉) conduzindo ou carregando a Cruz (✝) (modernamente a cruz foi transformada em flecha no desenho do símbolo). O *insight* produzido pela reflexão impulsiona ao mesmo tempo a vontade e a própria ação que a exprime, pois, de fato, pensamento, vontade e ação têm a mesma raiz na estrutura da mente humana.

É importante destacar também que, uma vez iniciado, cada passo do *caminho de Mercúrio a Plutão* deflagra automaticamente o passo seguinte. Podemos realizar algumas pausas para melhor absorver uma ou outra etapa dessa trajetória, mas cada estágio já aciona o mecanismo de disparo da etapa seguinte; não é possível interromper o processo, que culmina na transformação. Ao libertar-se e, em seguida, adquirir uma compreensão ampliada, o indivíduo torna-se capaz, enfim, de transformar para melhor a situação que buscava resolver.

Esse funcionamento automático que a metodologia da agricultura celeste dispara acontece porque a mente humana só comporta divisão para efeito esquemático e de compreensão estrutural. *Cogito, ergo sum!*[36] (Penso, logo existo!)

2. Assim, a ação criativa inaugura a segunda fase do caminho, onde encontramos **Vênus** (♀) e **Lua** (☽). Vênus é representada pelo Sol e pela Cruz. Seu símbolo indica que a vontade é conduzida pela matéria (a cruz sob o sol ♀). Mas, para que esses símbolos se mantenham em pé, é vital haver o equilíbrio, que nesse caso tem um sentido prático: o espírito equilibrando-se na matéria, ou seja, no plano de existência concreta, sensorialmente perceptível. Vênus espelha o universo das coisas materiais, os relacionamentos, a harmonia, a beleza, o feminino. Pessoas com Vênus em destaque costumam ser modelos, artistas, estetas bem-sucedidas. Assim, esta segunda fase do caminho se inicia pela verificação do equilíbrio promovido pela ação criativa ou construtiva oriunda da primeira fase. Uma vez comprovado esse equilíbrio, apresenta-se o movimento seguinte (a motivação, propriedade lunar, emocional). Assim, ao se motivar, que é na verdade o "motivo da ação" (motivação), a pessoa recebe a nutrição

---

36. A frase é do filósofo e matemático francês René Descartes (1596-1650), publicada na tradução latina da obra *Discurso do método*, em 1637, originalmente escrita em francês.

necessária para seguir no caminho. Ela fará os movimentos emocionais necessários e despertará emoções que ainda não eram conhecidas ou estavam em níveis de subconsciência, de tal forma que fica estabelecida uma conexão mais direta da mente consciente com a inconsciente, abrindo então as portas para a terceira fase.

3. Na terceira fase chegamos a **Saturno** (♄) e **Júpiter** (♃), outro par planetário. Na simbologia básica, tanto Saturno quanto Júpiter são representados pela combinação da Cruz com a Lua. Saturno tem a Lua carregando a Cruz (♄) e Júpiter tem a Lua sendo elevada pela Cruz (♃). Assim, em nenhum dos dois há a presença do símbolo do Sol, o espírito, a vontade individual. É interessante notar que aqui se representa a ligação da alma com a matéria sem a presença do eu, da consciência individualizada. Significa que, na vida humana, a contração e a expansão nem sempre são conscientes e racionais, operando dessa forma no domínio do inconsciente.

Saturno é Júpiter rebatido, como na imagem do espelho. A Lua carrega a Cruz — é a alma sustentando o corpo, o que explica as limitações da vida às quais Saturno, também chamado *O Senhor do Tempo*, obriga o ser humano a se sujeitar. Neste estágio, a pessoa se estrutura carregando a Cruz que, no entanto, tem exatamente a extensão requerida para ser utilizada como uma ponte com a qual ela poderá atravessar o rio perigoso que surgirá mais à frente. Essa ponte é o conhecimento, ou, mais precisamente, o autoconhecimento, representado por Júpiter. Daí o símbolo da Lua sendo elevada na Cruz, a ponte do conhecimento adquirido pela experiência de viver.

Esse par astrológico não exibe o símbolo do eu individual, da vontade, da sujeição (o Sol ☉) porque, neste caso, é o inconsciente que move a pessoa. Por isso é que, para se chegar a este ponto foi necessário o concurso da Lua (☽), que abre as portas do inconsciente, onde acontecem a expansão e a estruturação.

Aqui há o casamento das emoções com a matéria, pois são as emoções que ficam gravadas na memória inconsciente pessoal. De fato, a Cruz que cada um carrega é constituída por emoções gravadas pela memória emocional, subconsciente. Portanto, as dificuldades que as pessoas encontram na vida — sejam de natureza material ou não — são criadas pelas experiências emocionais gravadas em sua estrutura psíquica.

Para exemplificar, o que uma criança sente fica gravado em sua memória subjetiva, emocional, sejam traumas ou simples sentimentos submetidos à Lua. A experiência é objetiva, mas a emoção é subjetiva. Assim, os sentimentos são transmitidos ao chamado *Porteiro do Inconsciente*, que é Saturno. Este carrega a Cruz — mais leve ou mais pesada conforme o que está gravado nela.

Neste caminho, Saturno vem antes de Júpiter porque houve um movimento emocional que se traduz pela motivação inata de conduzir a própria vida, de construir e carregar a própria Cruz. Significa que está acontecendo uma estruturação para a reconstrução da existência do indivíduo, ou seja, a construção do conhecimento verdadeiro que será representado por Júpiter. Neste ponto, a alma se elevou acima da Cruz, que agora deixou de ser um fardo e se transformou na ferramenta que ele utilizará para superar todos os obstáculos da vida. Essa ponte simbólica leva o indivíduo à fase posterior e derradeira, na qual ele experimentará a libertação dos grilhões que o limitavam e obterá a compreensão necessária à verdadeira transformação. Júpiter é o planeta que rege o ir além dos limites — o arqueiro encontrado em Sagitário e representado pelo centauro, o cavalo alado que voa sem limites e conduz à libertação.

4. Na etapa derradeira nos encontramos nos domínios de **Urano** (♅), **Netuno** (♆) e **Plutão** (♇).

Urano é o planeta da libertação, já que representa o conhecimento sem amarras.

Aqui — em Urano — voltam a se apresentar os três símbolos básicos: o Sol, a Cruz e duas Luas (⛢), pois Urano tem a originalidade como característica. No caso de Urano, o Sol se apresenta pequeno — o eu individual é pequeno — mas, por meio da matéria (a Cruz), busca a libertação, o equilíbrio entre a alma universal e a alma individual (as duas Luas presentes na simbologia). Esse equilíbrio é a libertação.

Há aqui uma expansão do inconsciente pessoal para o inconsciente coletivo. Tal transformação energética produz um efeito coletivo, como se despertasse um poder paranormal, uma telecomunicação expressa pela integração da motivação pessoal à alma universal, como se o indivíduo desenvolvesse um poder telepático que produzisse nos demais uma sintonia equilibrada com as necessidades que ele tem. A alma individual em equilíbrio com a alma universal.

Se ele antes enfrentava problemas financeiros, quando chega a este ponto sua motivação de ter dinheiro gerará um campo energético que fará que as pessoas, das formas mais diversas, façam chegar a ele o dinheiro desejado. É a antena cósmica que liga a mente individual com o todo universal. Como diz a máxima hermética, o todo é mente!

No entanto, temos de verificar se realmente está havendo essa libertação, se o conhecimento é verdadeiro e se vai para além de si mesmo. Quando se descobriu Urano — no final do século XVIII e início do século XIX —, as coletividades de diversos países realizaram insurreições e movimentos de emancipação política, seguindo o exemplo da Revolução Francesa. Daí o conceito de liberdade. Urano também se associa à radioatividade e à eletricidade.

De um ponto de vista energético, por assim dizer, o princípio radioativo de Urano harmoniza a alma pessoal com a universal e o liga a Netuno, que, em sua simbologia, veem-se o alinhamento do Sol e da Lua no centro da Cruz (♆), eliminando as distinções entre o eu, a alma e a matéria. É a crucificação, também representada por Netuno. Ele traz a compreensão além do entendimento. Mostra que a vida tem natureza espiritual e que há outros planos de existência.

Para pessoas objetivas, tal ideia pode parecer nebulosa, pouco lógica. Mas a clareza virá pelo despertar e pelo entendimento espiritual, pois, para se chegar a Plutão — o agente da mudança —, é preciso ter a compreensão ampliada. O alinhamento mostra que o centro é a própria pessoa no ato da crucificação, e pode se traduzir na conhecida frase de Jesus: "Perdoai-os, Pai, porque eles não sabem o que fazem".

Netuno tudo compreende. E nós, usando esse modelo, também podemos nos colocar nesse lugar e compreender o conjunto daquilo com o que vínhamos tendo dificuldades, para obter, assim, a resposta e o encaminhamento necessários para mudar determinado estado de coisas.

De Netuno se chega afinal a Plutão, entendendo-se aqui que, desde Urano, estamos caminhando para o centro. Já nos expandimos em Netuno e começamos agora uma nova vida em Plutão, onde, pela simbologia, se vê a semente dentro do útero, no cadinho da transformação, e ali começa uma nova vida, fruto da morte e do renascimento (♀).

Ao se libertar pelo conhecimento, o indivíduo deve agora abraçar essa nova compreensão, abandonando velhas certezas e princípios. É um momento delicado do caminho, bem descrito em *O medo à liberdade*, de Erich Fromm[37], livro em que o autor relata, no processo de individuação, a temerária passagem do conhecido para o desconhecido.

Porém, quando o indivíduo chega ao ponto de efetivamente libertar-se graças à nova compreensão, ele experimenta, afinal, o desabrochar da alma, da rosa no centro da Cruz, e pode colocar-se no lugar de cada coisa, ser o centro de todas as coisas. A transformação se mostra uma realidade, não uma mera mudança. Ele pode, assim, abranger os mais diferentes níveis de situação, desde algo pontual, material, até o mais importante e precioso valor existencial ou espiritual assim considerado por alguém. Simboliza a ressurreição, a nova vida!

Assim foi trilhado o *caminho de Mercúrio a Plutão*, da reflexão à transformação.

---

37. *O medo à liberdade* foi publicado nos Estados Unidos em 1941 (durante a Segunda Guerra Mundial, portanto) pelo filósofo, sociólogo e psicanalista alemão Erich Fromm (1900-1980). É uma importante crítica psicossocial do autoritarismo e do conformismo típicos do século XX. Para a visão humanista do autor, explicam-se tais fenômenos por uma mescla de observações dos aspectos psicológicos da neurose com os fatores sociais que a impulsionam e alimentam. Tudo sob o princípio filosófico existencial de que, nas escolhas da vida, a liberdade humana entre evoluir ou regredir é uma obrigação e uma responsabilidade a que ninguém pode se furtar.

Pensamento, vontade e ação

O ponto de partida para o Caminho, como já vimos, está assentado sobre três vetores — pensamento, vontade e ação. Porém, como devemos definir cada um desses atributos vitais da atividade humana?

De acordo com a compreensão tradicional, o pensamento precede a vontade e a ação, pois produz o entendimento, isto é, o exercício realizado pela mente no sentido de espelhar e traduzir para si mesma os significados simbólicos dos elementos externos que o alimentam. Assim, independentemente do motivo pelo qual alguém resolva trilhar o Caminho, é fundamental que primeiro entenda a situação sobre a qual pretende trabalhar, começando por fazer uma reflexão dentro do modelo da metodologia da agricultura celeste.

Para isso, precisa averiguar e perceber como estão seu ego, suas emoções, suas atitudes, e qual o resultado de tudo isso traduzido nos frutos que, como consequência, ele está colhendo no presente.

O que se observa na dinâmica da mente humana é que, quando alguém chega ao real entendimento de uma situação, vê despertar automaticamente dentro de si uma vontade de agir. Por isso, os três vetores formam um só conjunto. Quando entende, a pessoa desenvolve naturalmente a vontade de agir, seja para chegar ao ponto desejado, seja — no caso de se tratar de algo desagradável — para buscar uma situação melhor. Assim, ficou estabelecido que primeiro refletimos, e depois queremos e agimos.

O pensamento é a própria existência, como ensina a máxima cartesiana *penso, logo existo*. Mas e se o indivíduo não entende o que está acontecendo consigo mesmo? O que fazer quando o que ele pratica não funciona na direção desejada? A causa pode ser o entendimento inadequado da situação, ou seja, o pensamento inadequado. E, dentro dessa inadequação, ele pode pensar que compreende a situação, mas, pelo fato de não entendê-la corretamente, não faz nada para mudar ou age de forma errada. Cabe promover, dessa forma, o exame do inter-relacionamento entre pensamento, vontade e ação. Do ponto de vista espiritual, esses três elementos representam a mesma coisa. Para as pessoas que têm uma integração dentro de si, esses mecanismos não andam separados. Elas só agem em função de uma sintonia com o próprio pensamento e com a vontade, uma vocação ou mesmo uma missão. Na simbologia astrológica, esses três elementos são representados por Mercúrio (pensamento), pelo Sol (vontade) e por Marte (ação).

Assim, do ponto de vista espiritual, a proposta para quem se encontra nessa situação é que aja, mesmo sem entender totalmente o problema, pois, se agir corretamente, provocará o desenvolvimento da vontade correta e um alinhamento com um pensamento também correto. Se não sabe como começar, deve recorrer a outros para identificar o que é certo e agir sem demora, porque, à medida que seus atos produzam efeitos, desenvolverá a capacidade de elaborar o pensamento correto e necessário. A ação correta, portanto, conduz a um entendimento também correto.

Como definiu o já mencionado pensador e místico Louis-Claude de Saint-Martin, as pessoas equilibradas e espiritualmente desenvolvidas têm tal alinhamento, não se percebendo nelas distinção ou lapso temporal entre pensamento, ação e vontade. No entanto, a maioria, menos desenvolvida, conforma-se em primeiro pensar para depois desenvolver a vontade, e julga que o pensamento tem origem no interior de cada um. Mas o pensamento vem de fora, ou também de fora, como corajosamente dizia Saint-Martin ainda no século XVIII. O leitor deve procurar libertar-se de velhas crenças e se abrir para um novo aprendizado, pois é de fora que vem o estímulo para pensar, querer e agir. Neste caso, "de fora" diz respeito à dimensão espiritual, ou seja, o pensamento vem de uma dimensão ligada ao plano espiritual e não simplesmente "de nossa cabeça".

Muitas vezes, ficamos sem ação diante do não entendimento de dada situação e, por isso, tendemos a repetir ações que já se mostraram ineficazes antes, tornando o problema ainda pior. A proposta é desenvolvermos uma ação. A agricultura celeste nos ajudará a identificar o ponto em que mora o problema, e então saberemos como agir.

Se o problema for ligado à motivação, já sabemos que tem que ver com a Lua, as emoções, o amor. Há aí uma condição emocional a ser modificada, a correção de um sentimento, a despeito do entendimento completo da situação. Pode, ainda, ser um problema financeiro. A pessoa em questão reage com uma atitude de orgulho diante do dinheiro, ou queixa-se por não receber o que deseja ou julga merecer. Às vezes alguns querem mais do que é razoável ou pecam por altivez, complexo de superioridade etc. Por aí se vê que podemos ser alertados para o problema, mesmo que não entendamos em profundidade do que se trata. Basta desenvolvermos uma percepção mais acurada da realidade que nos cerca.

Retomando mais uma vez a divisão esquemática da estrutura mental, o pensamento está na chamada mente consciente objetiva. As pessoas percebem o pensamento, têm consciência dele, embora este dependa da percepção que se tem da realidade. Como aconteceu com os indígenas que levaram vários dias para perceber que as grandes figuras vindas do mar eram as embarcações de Colombo — algo que não imaginavam existir, em uma clara demonstração de que o que não é habitual na percepção das pessoas não é sequer considerado real.

Devemos abrir aqui uma janela para o que chamamos de imaginação.

Até que ponto ela é um pensamento? A resposta tem de ser afirmativa, porque alguém só pode criar algo com base no que já pensou. A imaginação, assim, é uma competência humana que distingue o homem de outros animais. Pois, se a pessoa tem a competência de imaginar, também será capaz de discernir entre o imaginário e o real, entre a fantasia e o que é factível. Ter uma compreensão melhor do próprio pensamento é importante. É preciso perguntar-se: "o que estou imaginando está dentro da realidade?". Se a resposta for afirmativa, ao imaginarmos estaremos realizando um planejamento, algo que pode ser trazido para o mundo real. O filósofo francês Jean Guitton[38] tem uma frase famosa que esclarece esse assunto. Disse ele:

---

38. Jean Marie Pierre Guitton (1901-1999) nasceu em uma família católica francesa, lecionou Filosofia na Universidade de Montpellier, foi prisioneiro de guerra e amigo íntimo do monsenhor Montini, depois papa Paulo VI. Participou do Concílio Vaticano II e publicou dezenas de obras filosóficas e apologéticas que o tornaram um dos maiores pensadores do século XX.

> Não há ação sem certa faculdade de antecipar, sem uma viva imaginação do futuro. Os tímidos veem principalmente o impossível. Os temerários imaginam o possível impossível. Apenas os audaciosos, que são raríssimos, porque o poder criativo e o sentido do real quase nunca se encontram numa mesma pessoa, veem de antemão o que verdadeiramente é possível e sabem coordenar e concentrar esforços para alcançar o fim pretendido.

Assim, esses audaciosos são os que transformam o pensamento em ação.

Por isso a importância de se discernir a ilusão da realidade, o que podemos fazer ao nos perguntarmos: "Estou imaginando isto como forma de fugir da realidade?"; "Mesmo o meu ato de pensar não será uma forma de escapismo?"; ou "Em que medida as emoções interferem no que eu penso?". Com perguntas como essas podemos entender a carga emocional presente nos pensamentos. Ela é mais visível nos traumas, que marcam profundamente a existência dos que passaram por isso. Mas, se os traumas são relativamente raros, muitos já sofreram pequenos traumas e sabem da existência de um viés que faz que todos os seus pensamentos sejam influenciados por aquelas vivências.

Sabendo perceber com que emoções (domínio da Lua) determinada pessoa nutre o pensamento, podemos identificar sua estrutura de pensar — neste caso, formando um núcleo muito determinante e difícil de ser alterado em sua personalidade. Pode-se também olhar pelo lado do Sol, que revela quanto de *ego* existe na forma de pensar da pessoa, quanto de orgulho ou vaidade está presente nela, a sugerir a necessidade

O CAMINHO DA REALIZAÇÃO COM A AGRICULTURA CELESTE   93

de um exame da influência paterna, de seus valores essenciais e também dos adquiridos ao longo da vida. Quando entendemos como a pessoa pensa, também descobrimos como é o seu querer e como será sua ação. Quando esse indivíduo se queixa de que não está sendo promovido ou valorizado no trabalho, precisamos avaliar se sua ambição é razoável ou se pode ser atribuída a razões personalistas, de *status*. Se a segunda hipótese se confirmar, nenhuma promoção será suficiente para satisfazer tamanho apetite.

Se formos à raiz da árvore do conhecimento, onde estão as atitudes, é possível decifrar esse enigma sem muitos rodeios. Pergunte, por exemplo, a seis pessoas como é determinado indivíduo: uma de sua família de origem, outra da família atual, uma terceira do convívio social, outra do ambiente profissional, e a duas mais da vida profissional, sendo uma hierarquicamente superior e a última hierarquicamente inferior, e você obterá um retrato válido do seu padrão.

Pelo jeito de falar, pela forma como discorre, o indivíduo já estará revelando como pensa e quais são as interferências emocionais que poderemos perceber. Se abusa dos advérbios de tempo — nunca, sempre etc. — ou não se dá conta e, por isso, dispara afirmativas peremptórias para todos os lados, como dizer para o filho pequeno "Você vai cair...", estará denunciando o peso que as ordens de seu pai e sua mãe tiveram e ainda têm em sua estrutura mental. Do ponto de vista do Sol e da Lua, experimente rever sua vida e faça a seguinte reflexão: "Como meu pai julgava as pessoas? Como ele me aconselhava ou como impunha sua vontade?" O mesmo em relação à mãe: "Como minha mãe demonstrava seu amor por mim?". Isso vai mostrar como nós pensamos.

Sabemos que os papéis estereotipados de pai e mãe nem sempre correspondem inteiramente à realidade vivida pelas pessoas. Mencionamos pais que dão ordens e mães que transmitem amor, mas sabemos que existem mulheres mais fortes e também homens mais doces, dentro dos parâmetros da normalidade. No entanto, se a mãe for exageradamente forte, o filho poderá tornar-se um adulto desmotivado e incapaz de sentir amor pelo que faz. Se o pai tiver sido demasiado fraco, o filho desenvolverá insegurança.

Na ausência de um dos pais, ou de ambos, sempre haverá um substituto psicológico — efetivo ou circunstancial — para cada papel. Mas a ausência da mãe (Lua) provocará o empobrecimento dos sentimentos, da motivação, enquanto a ausência do pai (Sol) mitigará o eu, o brilho, o colocar-se na vida. Apesar das substituições psicológicas salvadoras, cada vez mais as correntes psicológicas contemporâneas de estudo do comportamento humano ressaltam a necessidade de que sejam feitas as pazes interiores com os progenitores genéticos, que devem ser acatados e compreendidos[39].

Voltando à formulação de Saint-Martin, a ação é a raiz de tudo. As raízes receberão os alimentos em decorrência da

---

39. É o caso das chamadas constelações familiares, técnica idealizada pelo alemão Bert Hellinger (1925-). Hellinger estudou filosofia, teologia e pedagogia. Engajou--se em uma ordem religiosa católica, trabalhou como missionário na África do Sul e passou a se dedicar à psicoterapia. A técnica das constelações familiares defende que o reconhecimento do amor que existe no seio das famílias comove as pessoas e muda a vida delas. Quando um amor rompido em gerações anteriores causa sofrimentos aos membros posteriores dessa família, o processo de cura exige que os primeiros sejam relembrados. Em seus *workshops*, os participantes observam, representam pessoas de outras constelações familiares ou exploram suas dinâmicas familiares, em uma demonstração de como o amor, mesmo quando mal direcionado, pode transformar-se em uma força que cura.

forma como estiverem estruturadas. No homem, as ações é que definirão seu pensamento e sua vontade. Mas não basta agir: é imperioso agir criativa e construtivamente para se chegar ao novo, à mudança; é vital que a pessoa interfira, entenda que é agente e não vítima, e, portanto, precisa ser proativa para ser plena, integral. Neste ponto não há meio-termo: ou a ação é criativa e construtiva, ou será destrutiva.

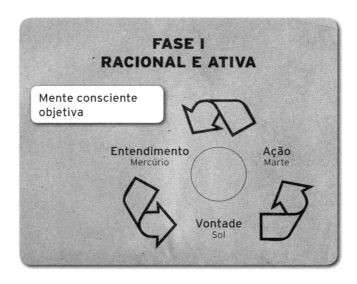

No trabalho, somos construtivos ou, de alguma forma, destrutivos. Na vida em geral, muitos acumulam as mais diversas crises — a dos 40 anos, a crise do casamento, a crise da revoada dos filhos adultos —, por causa de atitudes homeopaticamente destrutivas ou envergonhadas que perpassam sua existência. O remédio para isso está na pergunta: "Quem eu sou aqui e agora?" A metodologia da agricultura celeste mostrará quem a pessoa é.

O alinhamento do pensamento à vontade e à ação nos abrirá a porta para a etapa seguinte do caminho, que é a do amor e justiça, desde que de fato o alinhamento tenha se estabelecido, pois o amor é a ação equilibrada. Se esta ação não produzir novos valores, então ainda não se terá chegado ao alinhamento no pensar, no querer e no agir.

Amor e justiça

Revendo ainda uma vez a maneira como a mente humana está estruturada (veja o quadro da página 29), lembremo-nos de que a chamada mente consciente subjetiva está associada a Vênus e à Lua. Vênus simboliza o equilíbrio das formas, a beleza e a atração estética e física que desperta, enquanto a Lua representa os sentimentos, o elevado amor materno, a fraternidade universal e a memória, entre outras coisas.

Depois de já termos percorrido a etapa do pensamento, da vontade e da ação, chegamos agora ao estágio seguinte do caminho da realização, o qual recebe o nome de *amor e justiça*. Neste novo ambiente, chegou o momento de verificarmos se o alinhamento do nosso pensamento e da nossa vontade produziu ou está produzindo ações corretas, equilibradas e, sobretudo, inspiradas pelo amor. É esse indicador que atestará, por assim dizer, a qualidade das ações praticadas e o acerto dos passos que estamos dando. Nossos atos favorecem a harmonia? Revelam equilíbrio, senso estético e fazem jus à beleza de Vênus, a estrela matutina? Vênus avalia se há harmonia, se a colheita do fruto produzido por nossa ação está na medida justa.

Da mesma forma, costuma-se dizer que o amor é, na prática, o equilíbrio, e que só existe equilíbrio no amor. Ao avançarmos até este ponto, já temos condição de estabelecer de antemão se o que vamos fazer produzirá amor e equilíbrio. Indo à árvore do conhecimento, o fruto procurado, nesta etapa, é o equilíbrio, encontrado também nos valores recebidos de nossos pais ou adquiridos durante a vida, e — importante — o amor que cada um é capaz de demonstrar pelo que faz.

Praticando ações na medida certa é que chegaremos ao amor, e então poderemos nos certificar de que estamos colhendo o fruto do equilíbrio. Que motivação nos levou a agir? Quanto de ego existe no aparente equilíbrio? Estamos alimentando nossa árvore com atitudes novas, de fato? Que emoções estão envolvidas nesse novo processo, pois, se já geramos algum equilíbrio, isso deve ter produzido algum efeito nas raízes.

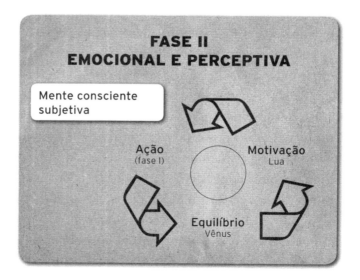

Vênus é regente de Touro, inspirador da segurança material e da necessidade da obtenção de resultados concretos, e também de Libra, o símbolo do equilíbrio, da balança etc. O símbolo de Libra (Ω) representa o pôr do sol, que após cada dia se deita em um grau diferente de inclinação até chegar ao solstício. Quando alcançar o equinócio, ele estará bem no meio do caminho. Então, é o caso de nos perguntarmos: como está caminhando a nossa transformação?

Do ponto de vista da Lua, como continuaremos a alimentar a ação ou sequência de ações que pensamos praticar? Um novo padrão de comportamento deve ser estudado, uma vez que um modelo diferente de pensamento foi estabelecido.

Quando vemos que a ação está na medida justa nos ligamos ao estado de espírito de amor — primeiro amor próprio, isto é, por nós mesmos. Em seguida nos tornamos mais seguros porque estamos fazendo aquilo que amamos, ao mesmo tempo em que nos motivamos a continuar atuando nesse diapasão positivo. O amor é essa motivação para continuar.

Quando alguém se dedica ao que está fazendo entra no terreno do amor, que imita a doação da mãe que amamenta um filho. Algo similar se pode também fazer quando alimentamos um trabalho ou um empreendimento material ou não material. Nessa altura devemos nos perguntar que emoções estão presentes na solução de um problema, como nutrimos o que estamos criando? Porque a motivação que sentimos é um reflexo do amor que temos pelo que fazemos, que é uma extensão do amor próprio.

Até aqui navegamos no domínio da mente consciente — em que Vênus e Lua estão ligados ao consciente subjetivo, campo dos sentimentos e emoções. Assim, a Lua abre uma porta de comunicação entre o consciente e o inconsciente. Essa porta, do lado do inconsciente, é aberta no nível do inconsciente pessoal, onde estão Saturno e Júpiter. Na simbologia desses dois planetas só existem as figuras da Lua e da Cruz, conforme já explicado. Júpiter representa a expansão, o conhecimento, e Saturno, a aplicação desse conhecimento — a sabedoria. Saturno, conforme já citado, também é chamado de "senhor do tempo", mede a realização das coisas. Simbolicamente, é a Lua carregando a Cruz. É a estruturação, a formação do inconsciente da pessoa, a que se pode dar o nome de Justiça porque, ao receber tais influências, se estabelece o binômio expansão-contração em sua vida.

Ao abrir essa porta com consciência (o que acontece ao praticar a metodologia da agricultura celeste), a pessoa então se encontra com sua estrutura psíquica. Não é um momento fácil, pois, em linguagem figurada, Júpiter representa a lei escrita, enquanto Saturno é o juiz que aplica a lei. Ou seja, que leis são essas que estão "escritas" em seu interior e quem são os "juízes" que aplicarão essas leis?

Ao abrir a porta desse novo espaço pelo amor próprio, o ser humano consegue fazer vibrar dentro de si o Júpiter do conhecimento verdadeiro em relação ao que está vivendo, à situação que está trabalhando, e não apenas às "leis escritas" por sua família, sociedade etc. Vai poder estabelecer as relações Júpiter-Saturno de forma positiva, concluir e correlacionar os sentimentos e acontecimentos, a fim de dirigir os "juízes" verdadeiros até o ponto de desenvolver o juízo próprio e aplicar, enfim, o livre-arbítrio.

Nessa nova dimensão de conhecimento — o autoconhecimento — o próprio ser humano passa a ser a medida das coisas, pois é testado por Saturno e adquire a consciência de que tem alguns limites, percebe o que o impedia de obter sucesso em determinadas situações e como superar tais limitações. Se, por exemplo, desejava, mas descobre que não reúne as condições para ser o presidente da empresa em que trabalha, pode tirar um grande peso dos ombros sabendo que algo muito melhor o espera.

Esta é também uma relação de Justiça, na qual o ser humano tem a oportunidade de tomar consciência do que é melhor para si e, no caso de ocupar um lugar imerecidamente, sair da situação. Nesse ato ele finalmente entende o que é o merecimento, o que é a lei (Júpiter) e a aplicação da lei (Saturno) e o que deve fazer para poder merecer mais, estruturar-se para receber mais.

Os limites não podem ser ignorados; no entanto, devemos procurar expandir nossa área de manobras: não cometer a imprudência de simplesmente saltar as cercas, mas empurrá-las para adiante. Divisar é ver as divisas até onde enxergamos o terreno. Saturno simboliza a montanha e o limite, mas, ao escalarmos a montanha, ampliamos nosso horizonte e reduzimos os limites. Como se diz, conhecer as próprias limitações já é meio caminho andado para superá-las. Assim, com a ajuda do amor próprio, podemos fazer crescer nosso merecimento graças ao conhecimento, ao mesmo tempo em que teremos aprendido como fazer para chegar mais adiante. É indispensável, no entanto, que usemos de sinceridade para conosco e sejamos honestos no exame dos problemas.

Voltando à árvore do conhecimento, faço a mim mesmo a seguinte pergunta: como está o meu merecimento? O que aprendi com meu pai a respeito de atitudes justas e éticas? Quanto aprendi com minha mãe sobre a importância de ser sincero comigo mesmo, com meus sentimentos e sobre dar e receber amor? Ao ter aprendido a pensar melhor, sentir melhor e agir melhor, também meu senso ético com certeza tornou-se mais bem estruturado.

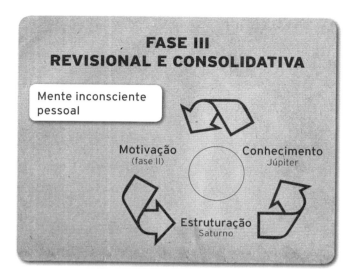

Agora, os princípios éticos adquiridos não se aplicam apenas às questões mais elevadas do pensamento, mas igualmente aos atos da vida cotidiana, como o lidar com o dinheiro ou a relação com o próximo. A prática clara inspirada pelo sentimento de justiça presente em todos os atos que realizamos funciona como uma autoterapia que nos conduz ao equilíbrio. Esta é a sequência que nos traz à expansão, depois à estruturação e, em consequência, ao sentimento de que nos encaixamos perfeitamente em uma engrenagem virtuosa. Estamos agora a um passo da libertação. Reconhecemos a existência dos limites, mas sabemos como prosseguir, já livres da teia produzida pelas velhas ações, rumo à compreensão e à transformação.

Libertação, compreensão e transformação

Ao chegarmos onde se encontram Urano, Netuno e Plutão, alcançamos afinal a derradeira fase do *caminho da realização*. Depois de termos passado por Vênus, Lua, Saturno e Júpiter, no capítulo anterior, que tratou do amor e da justiça, pudemos compreender que, quando se torna estruturado, o conhecimento passa a receber o nome de sabedoria, constituindo-se, assim, naquilo que com propriedade se pode chamar de conhecimento verdadeiro.

Sabemos que o conhecimento é libertador e nos coloca agora diante de Urano, que domina a porta de entrada do inconsciente coletivo. É quando nos libertamos das situações repetitivas do passado às quais estávamos presos porque os frutos da nossa árvore não tinham sido bem irrigados e, portanto, não apresentaram a qualidade esperada. Mas aqui vislumbramos uma nova perspectiva.

Podemos agora recapitular toda a nossa trajetória, como se estivéssemos fora de nós mesmos. Vemos nossa vida passada em uma tela ampla, que nos permite observar em perspectiva, de um lado todo o traçado dos nossos passos e, de outro, como esse conjunto está sendo transmitido às pessoas.

Não interferimos mais no que se passa na tela, embora tenhamos consciência de que as figuras mostradas ali são apenas partes de um universo muito maior e complexo, pois estamos em outra dimensão.

O símbolo de Urano (♅) contém o Sol carregando uma Cruz e duas luas — uma de cada lado —, que representam a alma individual na tentativa de equilibrar a alma universal. Em Urano, o indivíduo continua sendo o centro da vida, mas já é capaz de ver além de si mesmo, de forma mais integral. E, ao defrontar-se com um quadro tão grandioso, frequentemente desenvolve um sentimento de culpa por ser agente e ter-se inserido em um contexto em que todas as peças se encaixam — ele inclusive —, mas que também o estimulam a seguir novo curso e a libertar-se de seus grilhões.

Na psicologia, esse processo recebe o nome de individuação e é o momento em que o ser humano desenvolve sua identidade, abrindo um novo horizonte integrado ao conjunto. Ele vê o mar em que está inserido, e sabe como navegar nesse mar, porque tal percepção é produto da libertação, e esta só se torna possível quando alguém sai espiritualmente do antigo eu.

Animado por uma nova ética e com olhos que aprenderam a ver toda a complexidade do mundo, o indivíduo agora dá um novo passo no sentido da compreensão de Netuno, ou da humanização. A compreensão se mostra assim como um nível superior de entendimento, que é uma operação meramente intelectiva. Esse grau mais elevado de percepção implica compreender a si mesmo, ver o conjunto das necessidades humanas de desenvolvimento e perceber as circunstâncias alheias.

Netuno, que é o símbolo da crucificação — definido à perfeição pela já citada frase de Jesus: "Perdoai-os, Pai, porque eles não sabem o que fazem" —, chama para si o perdão pelas coisas acontecidas e, no mesmo ato, perdoa aos demais. Na vida prática, essa compreensão é fundamental para o indivíduo colocar-se no lugar dos outros e libertar-se da culpa. É difícil definir exatamente o que se passa com ele quando sua mente e coração, unidos, vivenciam um "sentimento do mundo" graças a *insights* reveladores do próprio sentido da existência. Fala-se em processo de humanização porque é nesse momento que o indivíduo se torna verdadeiramente um ser humano.

Até então ele poderia considerar-se a vítima de alguém ou de algo, ou agir por força do próprio ego, mas agora consegue ver além, ser humano, fraterno, em paz. Como se saísse do corpo, nesse ponto ele terá desenvolvido a competência para livrar-se das amarras do passado.

Como já foi dito e repetido, na árvore do conhecimento o Sol indica a vocação, o "eu" que dá sentido à existência. Agora, esse "eu" pode iluminar a árvore adequadamente, para resolver com harmonia antigas pendências, enquanto a Lua, que irriga a planta, propicia o amor efetivo que soluciona qualquer situação. As atitudes, que formam a raiz da árvore, estão representadas pela Cruz.

O alinhamento desses elementos, conforme se vê no símbolo de Netuno (Ψ), desperta a nossa compreensão de que é preciso fazer a distinção entre Sol, Lua, raiz etc. Portanto, para expressar minha vocação, tenho de ser eu mesmo; para isso, preciso amar a mim mesmo com justo amor, o que torna minhas atitudes afinadas com o alinhamento do pensamento, da vontade e da ação.

Quantas pessoas conseguem subir tão alto? No sentido transcendental e em toda a sua plenitude, talvez ainda sejam poucas — no máximo entre 5% e 10% da humanidade. Mas, para a resolução dos problemas mais comuns e angustiantes da vida cotidiana, como os que dizem respeito, por exemplo, à prosperidade material e ao relacionamento familiar e social, todos ou quase todos podem chegar a resultados bem satisfatórios.

É Netuno quem passa agora a expressar a vontade — mas uma vontade coletiva —, enquanto Urano traduz o pensamento superior, uma oitava acima do entendimento de Mercúrio, que rege o pensamento pessoal. Nesta nova realidade o indivíduo é capaz de tomar uma decisão por compreender que precisa mudar por amor. Ele se torna de fato capaz de amar o próximo como a si mesmo, tanto no nível do sublime sentimento de fraternidade quanto, de maneira mais prosaica, no trato das questões corriqueiras do cotidiano, como o pagamento de uma dívida.

As virtudes do caminho da realização são distribuídas igualmente entre todos os indivíduos, independentemente da diversidade dos traços de personalidade que naturalmente apresentam. Um virginiano, por exemplo, tenderá a esquadrinhar a nova conjuntura de forma mais fria e racional, enquanto um pisciano certamente o fará utilizando tons místicos. Mas nenhum será substancialmente melhor do que outro.

O lema maior desse patamar elevado a que o indivíduo chegou, e que é também o lema mais definitivo da divina compreensão — amar o próximo como a si mesmo —, exprime em poucas palavras como se dá a morte e o renascimento em Plutão. Esse astro simboliza o Graal (♀), o cálice da comunhão com o divino para uma ressurreição em outra dimensão. Quando o indivíduo chega a Plutão, não pode mais voltar atrás porque já terá acontecido a transmutação tão perseguida pelos alquimistas. Como estes ensinaram, a pequena obra é transformar um metal qualquer em ouro, mas a grande e mais valiosa obra é transmutar o homem mortal em imortal.

Uma ação espiritual foi levada a efeito, trazendo consigo benefícios espirituais de grande alcance. A ação transformadora de Plutão, por estar no terreno do inconsciente coletivo, muda completamente, do ponto de vista energético, a vida do indivíduo. Se, por exemplo, ele era, no plano material, um profissional sem clientes, passou a ter agora uma abundância deles. E explica alguns fenômenos, como aqueles que as pessoas normalmente chamam de milagre, ou as inacreditáveis coincidências, que às vezes dão um rumo inesperado às nossas vidas, e outros acontecimentos muitas vezes incompreensíveis para nós. Falamos, aqui, do desenvolvimento da chamada paranormalidade, que, como podemos ver, está à disposição de todos. A Lua, alma individual, integra-se à alma universal, assim estabelecendo a comunicação paranormal, telepática. Por isso Urano rege as antenas e as telecomunicações. E, na esfera humana, abre as portas para os fenômenos paranormais na dimensão espiritual. O profissional do exemplo dado anteriormente passa a ter clientes porque a antena de sua alma pessoal entra em alinhamento e fica sintonizada com a antena da alma universal. Dessa forma, as pessoas que buscam os serviços que ele oferece são naturalmente encaminhadas em sua direção.

Ao concluir o caminho da realização, o indivíduo chega a níveis espirituais tão altos que sua mente passa a funcionar como um transformador de energia. Com seus canais espirituais abertos, as plantas que ele cultiva dão agora frutos saudáveis e doces. E ele percebe que a generosidade, por exemplo, é um dos códigos da inteligência, mencionados no livro homônimo de Augusto Cury, que valem a pena ser praticados.

Isso não significa, em absoluto, que ao chegar aqui o andarilho já tenha se santificado ou alcançado o estado de completa pureza. Demonstra, é certo, que superou as dificuldades que mais o incomodavam — o que não é pouco —, mas restam os assuntos de que ele ainda não cuidou. Ele adquire a certeza, porém, de que pode não só transformar o errado como realizar concretamente algo que é certo e benéfico.

Essa capacidade o iguala ao lendário rei Midas, cuja energia transformava tudo que tocava em ouro. Plutão, que rege a transmutação, é essa pedra de toque — que, em contato com um metal, transmuta-o em ouro. Há vários exemplos de seres humanos que percorreram essa estrada de felicidade. Alguns são mais notórios, pela amplitude e repercussão do bem que praticaram, como o Mahatma Gandhi, a Madre Teresa de Calcutá ou o médium brasileiro Chico Xavier. No nosso dia a dia, porém, também há exemplos de peregrinos bem-sucedidos nos negócios ou na política, como Bill Gates, Steve Jobs, Silvio Santos ou Luiz Inácio Lula da Silva. E também se pode perceber a pedra de toque em pessoas comuns, anônimas, sem projeção, que, no entanto, vivenciam a felicidade porque sabem conduzir suas vidas com sabedoria e equilíbrio, não projetando suas necessidades para além delas mesmas.

Desta forma, leitor, fica demonstrado que está em seu poder desenvolver os mesmos princípios e virtudes desses luminares ou homens de sucesso, e experimentar as alturas da realização humana na direção de uma empresa, no exercício de uma carreira artística, técnica ou científica, para adquirir, você também, sua pedra de toque, que tudo transforma. E assim corrigir em tempo seu constante plantio e nunca mais plantar frutos que não sejam colhidos em sua plena doçura.

As quatro fases e os três níveis

É preciso que eu faça um pequeno adendo para esclarecer alguns pontos citados ao longo das explicações sobre o *caminho de Mercúrio a Plutão*, no âmbito da metodologia da agricultura celeste.

Afirmei, anteriormente, que a metodologia da agricultura celeste acontece simultaneamente nas quatro fases da percepção e nos três níveis de realidade experimentados pelo ser humano. Recapitulando, as quatro fases mencionadas são: 1. mente consciente objetiva; 2. mente consciente subjetiva; 3. mente inconsciente pessoal; e 4. mente inconsciente coletiva. E os três níveis são: o físico ou material, o psicoemocional e o espiritual.

O termo agricultura celeste é antigo, tem origem nos alquimistas[40], pessoas empenhadas em transformar os metais menos nobres em ouro. Durante esse processo, no entanto,

---

40. A alquimia é considerada a mãe da química moderna. Envolvia aplicação de métodos de produção e transformação de elementos, porém sem as técnicas científicas de comprovação. Misturava procedimentos primitivos de medicina e química com elementos de astronomia e magia. Seu grande objetivo era a descoberta da pedra filosofal, capaz de transformar qualquer substância em ouro. Os alquimistas também buscavam encontrar a fórmula do elixir da longa vida, que teria a capacidade de curar todas as doenças e garantir a imortalidade.

o próprio alquimista se transformava, pois a máxima sempre lembrada reza que "a pequena obra é transformar o metal impuro em ouro, enquanto a grande obra é a transformação espiritual", o encontro da pedra filosofal e do elixir da vida eterna.

O processo alquímico acontece em quatro fases:

Nigredo — é a fase da negritude, da inconsciência, do caos primordial e do escuro, em que não se sabe o que acontece.

Albedo — já apresenta uma claridade, uma iluminação prateada, de reflexo, associada à Lua.

Citrinitas — o amarelo desta fase significa que a albedo amareleceu, isto é, envelheceu, como um papel branco que fica amarelado com o tempo.

Rubedo — fase ligada ao nascer do sol, ao vermelho, à alba, ao róseo, o momento do nascer do sol. É quando a pessoa toma consciência, até a plenitude da luz solar, o sol a pino, o ouro, fim da transmutação.

As fases alquímicas encontram clara analogia com o processo de individuação preconizado pelo psiquiatra suíço Carl Gustav Jung, criador da psicologia analítica. Esses quatro processos ou etapas, se observados de maneira global, lembram as quatro fases da psicoterapia que Jung descreveu: confissão, esclarecimento, educação e transformação.

Nas palavras do próprio Jung (1991):

> Todo procedimento alquímico [...] pode muito bem representar o processo de individuação em um indivíduo particular, embora com a diferença não desprovida de importância de que nenhum indivíduo particular abarca a riqueza e o alcance do simbolismo alquímico. Este tem a seu favor o fato de ter sido construído ao longo dos séculos [...]

> É tarefa muito difícil e ingrata a tentativa de descrever o processo de individuação a partir de materiais de casos [...] Na minha experiência, nenhum caso é suficientemente amplo para revelar todos os aspectos com uma riqueza de detalhes que o leve a ser considerado paradigmático[...] A alquimia, por conseguinte, realizou para mim o grande e inestimável serviço de fornecer o material em que minha experiência pudesse encontrar espaço suficiente, o que me possibilitou descrever o processo de individuação, ao menos em seus aspectos essenciais.

Paralelamente às quatro fases alquímicas, associadas às também quatro fases da psicologia junguiana, a sequência natural utilizada pelo método da agricultura celeste parte da escuridão para a definição do objetivo do trabalho (fase racional e ativa), perpassa os meandros do albedo e dos sentimentos lunares (fase emocional e perceptiva), amadurece como a citrinitas por meio de revisão e consolidação (fase revisional e consolidativa), até finalmente atingir o casamento alquímico, que vai forjar o ser integral (fase espiritual e definitiva).

Ao realizar essa analogia, o trabalho da agricultura celeste também atende simultaneamente aos três níveis da realidade experimentada pelo ser humano: o físico ou material, — quando a pessoa busca esse método para algo de que está carente no âmbito material, como as finanças, a atividade profissional ou a saúde física; o psicoemocional — que trata dos sentimentos, relacionamentos e atitudes, nos quais o pensamento também tem vez; e o espiritual ou definitivo, para pessoas com maior nível de autoconsciência, que já percebem que determinadas situações da sua vida têm que ver com seu grau mais elevado de compreensão.

É por isso que afirmo que esse trabalho acontece simultaneamente sempre nas quatro fases e nos três níveis, que se encontram imbricados: o solar, o lunar e o da cruz.

Quando uma pessoa tem um problema material, a limpeza que ela busca precisa acontecer em seu nível psicológico e intelectual, com reflexos também no nível espiritual. O problema é apenas uma manifestação. O que se observa é que, quando isso acontece, com certeza se vai encontrar a raiz do problema no nível psicológico e emocional, ou no espiritual, pois o que se passa no nível psicológico e emocional é reflexo do espiritual, que, por sua vez, se reflete no material.

Agricultura celeste – Como fazer

Como nos demais processos descritos nos capítulos anteriores, também aqui, ao se aplicar na prática o método da agricultura celeste, vamos iniciar o trabalho pela reflexão, que deve ser realizada com isenção e o claro propósito de encontrar as soluções para o que se procura. Os passos descritos a seguir valem quer se faça esse trabalho em consultório ou individualmente, pelo próprio interessado.

A passagem da teoria à prática acontece em geral ao longo de quatro semanas. Em alguns casos, pode se estender um pouco mais, até ao máximo de seis semanas. No entanto, mesmo que o próprio interessado conduza sozinho o processo, ainda assim ficará claro para ele qual o momento de passar de uma fase para a seguinte.

Primeira semana: racional e ativa. Para começar, ele precisa entender a situação a ser trabalhada. Deve definir claramente qual o assunto, o problema ou o plano para os quais utilizará o método. Se o problema é, por exemplo, "quero mais clientes", isso deve ser expresso diretamente, sem rodeios e com toda a objetividade. É importante que se evitem metáforas ou formas indiretas de traduzir o desejo, caso, no exemplo do "quero mais clientes", se optasse por formas imprecisas do tipo "desejo mais sucesso profissional" ou "estou à procura de prosperidade". Não. Se o problema for dinheiro, isso deve ser dito explicitamente: "Quero mais dinheiro".

Recomendo que se escreva em papel, no computador, *tablet* ou celular o objetivo, pedido ou problema, com a mesma clareza usada para definir o assunto, sem negativas do tipo "não estou conseguindo evoluir" ou "tenho dificuldade de realizar tal ou qual coisa". Essas maneiras autodepreciativas de pensar conduzem certamente ao insucesso e estão ligadas à carência em vez da abundância.

Para facilitar a prática e o desenvolvimento das atividades, recomendo o *download* de algum *software* de mapa mental[41] — existem diversos disponíveis gratuitamente!

Definido o problema, plano ou desejo, o interessado deve então fazer-se algumas perguntas: "Quem sou eu nesta situação?" Esta pergunta importante provoca um autoexame que facilita a avaliação da legitimidade do que ele está se propondo trabalhar. "Por que tenho esse desejo ou plano?" — é a pergunta para quem quer investigar um eventual componente ególatra. "Para que quero mais dinheiro?" Por que é bonito? "Por que minhas despesas estão tão altas?" "O que me faz achar que devo ganhar mais?"

---

41. Mapa mental ou mapa da mente é o nome dado a um diagrama, sistematizado pelo inglês Tony Buzan, voltado para a gestão de informações, de conhecimento e de capital intelectual; para a compreensão e solução de problemas; memorização e aprendizado; criação de manuais, livros e palestras; como ferramenta de *brainstorming* (tempestade de ideias); e no auxílio da gestão estratégica de uma empresa ou negócio.

Ao se fazer tais perguntas, o interessado será levado a reviver criticamente e recordar cenas, princípios e atitudes de seu pai e da história de sua família em relação ao dinheiro.

Este é o tema ou pano de fundo da primeira semana de trabalho. Por que a pessoa está querendo aquilo? Ou por que está aprisionada a determinada situação? No decorrer dessa semana, sua tarefa é fazer uma observação de duas dimensões: as *experiências* que acontecem em relação ao assunto e, essencialmente, em relação ao seu pai. E anotar as *percepções* que se tem em relação a essas experiências. Ele telefonou? Vocês se encontraram? Lembrou-se de alguma passagem da vida com o pai? Anotar as percepções é, na prática, examinar por qual ótica os acontecimentos ou as lembranças relativas ao pai e ao assunto estão sendo vistos.

Essa avalanche de *insights* desencadeia uma releitura da vida vivida com o pai e com o assunto escolhido para análise, disso resultando naturalmente uma nova maneira de pensar e a criação de novos hábitos, uma vez que agora se desenvolveu uma nova percepção dos fatos e de como as coisas aconteceram.

Assim, durante a primeira semana o interessado realiza essa avaliação do seu ego em relação à situação. Nesse mesmo exercício, sugere-se que ele avalie também o "como eu faço?" ligado às experiências da vida. Se o assunto a ser trabalhado pela agricultura celeste for profissional, ele é estimulado a avaliar como está fazendo o trabalho. Se, para ter uma promoção ele precisa, por exemplo, falar inglês e ainda não fala, o que houve? Que peso teve seu ego em relação a tal necessidade?

Como é o ambiente de trabalho que envolve essa pessoa? É bom? Agradável? Como seu pai se comportava em relação ao trabalho? Que hábitos e condutas ele tinha nesse particular? O filho não estará repetindo o mesmo padrão? Revivendo e avaliando criticamente esse domínio, o interessado se torna capaz, então, de promover correções e reconstruções capazes de tornar sua vida, nesse aspecto específico, positiva e satisfatória.

Quando o trabalho é realizado em consultório, com assistência, são propostos exercícios que buscam estimular as experiências e as percepções. Esses exercícios estão diretamente ligados à lida com o assunto que está sendo trabalhado.

Nas semanas seguintes o mesmo padrão deverá ser seguido, respeitada a temática específica.

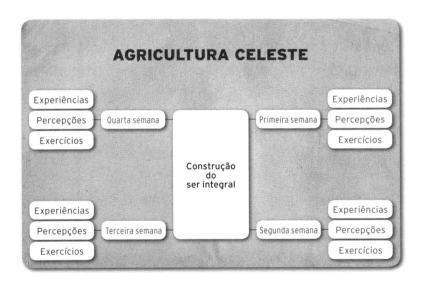

Segunda semana: emocional e perceptiva. Na segunda semana, o método realiza um balanço do que aconteceu no período anterior, por meio de experiências, percepções e exercícios. Enquanto antes o interessado se submetia ao domínio solar, racional e ativo, agora passa a trabalhar o componente lunar. Se alguma iluminação já se fazia sentir por força do reflexo lunar, agora o grande foco que definirá o trabalho na segunda semana é muito mais o *sentimento* do que o comportamento, pois a Lua rege as emoções.

Nesta etapa, a pergunta será: "Como eu me sinto ao fazer as coisas? Quando pago uma conta, o que eu sinto? E quando recebo algo?". Quando se analisam os sentimentos, evocamos a mãe, de quem recebemos a capacidade de receber e dar amor. Para entender como sentimos as coisas, e trabalhar as emoções, temos de nos reportar a ela. Também nesta etapa temos de nos perguntar "como eu faço?". Novamente anotamos as *experiências* e as *percepções* provocadas por elas e que estão na raiz do comportamento. Neste momento essas percepções são mais ligadas às emoções sentidas e vivenciadas em decorrência das experiências vividas.

É o momento de seguirmos o caminho da mãe e da história de sua família. E de também avaliarmos em que medida nos desdobramos para supostamente agradá-la. Na semana anterior, havíamos feito o mesmo exercício em relação ao pai. Até que ponto eu sinto o que minha mãe sentia? Nesta segunda semana se sonha muito, pois a Lua rege os sonhos. É preciso anotá-los. A Lua também abre com força uma porta para o inconsciente, onde está Saturno. É uma semana difícil, dada a natureza emocional envolvida. Nesse período a pessoa percebe que as limitações que tem na vida são de origem emocional, guardadas desde a infância. E que também herdou os sentimentos da mãe em relação ao pai.

Os exercícios desta semana têm um caráter de despertar emoções e lembranças da primeira infância. Cabem aqui pesquisas da história pessoal vivida desde a vida intrauterina até a adolescência...

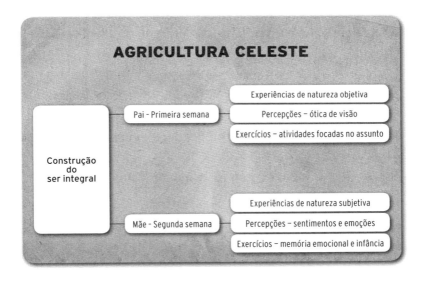

Terceira semana: revisional e consolidativa. Na terceira semana faz-se a fusão das duas anteriores. Agora estão claras quais são as limitações e como mudar o comportamento. Já está havendo uma transformação por conta do conhecimento adquirido. É a chamada "semana do conhecimento", fase de revisão e consolidação das conquistas anteriores. No decorrer deste período a pessoa se torna apta a praticar um novo comportamento, inédito até então: revê comportamentos da infância e reestrutura sua consciência em relação a isso, daí resultando um novo comportamento.

Na prática é o momento mais difícil e delicado, quando costuma acontecer o despertar mais evidente dos mecanismos de fuga: o autoritarismo, a destrutividade e o conformismo de autômatos[42]. É que nesta semana está sendo estabelecida uma nova organização das estruturas psíquicas, uma nova comunicação da mente consciente com a mente inconsciente. É o encontro dos porteiros — a Lua, porteira da mente consciente subjetiva e Saturno, porteiro da mente inconsciente pessoal. Ou seja, o encontro da memória com os traumas.

Por isso as experiências desta semana estão ligadas também a vivências em sonhos, a medos, aflições e lembrança de experiências amargas. É a hora de conhecer a realidade. Assim, as percepções são de natureza emocional e dizem respeito às consequências das emoções. Os exercícios têm como alvo romper barreiras e enfrentar medos e angústias.

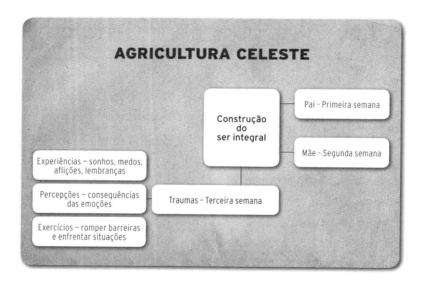

---

42. Do livro O *medo à liberdade*, de Erich Fromm, Rio de Janeiro, Guanabara, 1983.

Quarta semana: espiritual e definitiva. Agora, os novos comportamentos já se instalaram, uma vez que nos encontramos nos domínios de Urano, Netuno e Plutão. Trata-se de uma nova dimensão — por isso espiritual —, em que a mente está reprogramada, livre das situações antigas e pronta para aquilo que a trouxe ao trabalho da agricultura celeste. Nesta altura se estabelece a ligação da via solar com a via lunar[43], que torna a pessoa autêntica, e espiritual porque também é este o domínio do inconsciente coletivo.

Nesta etapa a pessoa desenvolve o poder mental, paranormal, caracterizado por um tipo mais fino e claro de percepção. Nessa dimensão superior, fenômenos aparentemente mágicos se apresentam. Se, por exemplo, a pessoa que realizou o percurso já descrito precisa de algo que ela traduziu como dinheiro, é muito comum surgir outra que tem o poder de suprir essa necessidade e que entra em contato com ela. São ligações paranormais, misteriosas, marcadas por coincidências em um encadeamento diferenciado e virtual, que gera um novo momento na vida, que por sua vez assume uma dinâmica diferente.

Na verdade, não se trata de mágica, mas de uma transformação na estrutura psíquica da pessoa, que altera o que precisa ser alterado. É o momento de prestar atenção aos sinais que indicam o que precisa ser feito. Quando pedimos algo a Deus, evidentemente não dizemos a Ele como o pedido deve ser atendido. Portanto, os sinais podem estar em qualquer lugar: ao se abrir um livro ao acaso, em um diálogo ouvido quando se atravessa a rua, em uma revista, na palavra de um amigo

---

43. Nos símbolos de Urano, Netuno e Plutão encontram-se presentes o Sol e a Lua.

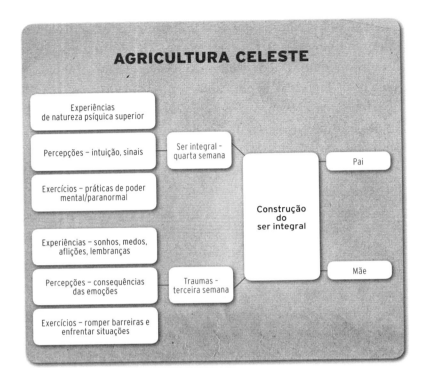

que a pessoa precisava escutar. E assim se aprende uma nova realidade a respeito de si mesmo.

Mesmo assim, é preciso continuar. Há uma tendência a regredir, então é crucial ficar alerta e continuar lutando e mudando. Evitar a todo custo que as velhas situações voltem a acontecer. Assim, a pessoa desenvolverá a paz interior e aprenderá a mantê-la. E terá uma vida nova. Aquele assunto, apesar de resolvido, deve ser retrabalhado sempre que aparecer.

Com isso se desenvolveu uma nova maneira de pensar, sentir e agir, a ser constantemente realimentada para a perenização dos resultados produzidos pela metodologia da agricultura celeste.

Conclusão –
O caminho da excelência
é a prática

Como acontece com qualquer área do conhecimento humano, é somente por meio da prática que se obtém o domínio do conhecimento. Sabemos que o conhecimento, sem aplicação prática, vale muito pouco. Tome-se o exemplo do grande patrimônio representado pela obra dos pensadores da Grécia clássica, que, não obstante ter-se baseado em conceitos puramente "filosóficos", na realidade norteou toda a produção do conhecimento científico e cultural dos períodos subsequentes da história da humanidade, até nossos dias.

Assim, procurei apresentar a *agricultura celeste* de forma simples, para permitir que o leitor compreenda inteiramente o que aqui é explicado, e, munido dessa técnica, possa refletir e ampliar seu horizonte de realização por si mesmo. Para efeito de conclusão, resumo em uma frase a essência da metodologia, expressa na lei natural que rege a agricultura celeste:

LEI NATURAL DA AGRICULTURA CELESTE

Ao nos colocarmos no **CENTRO** da nossa vida,
deixam de existir conflitos entre **SER** e **TER**,
entre **LIVRE-ARBÍTRIO** e **DESTINO**.
Assim dirigimos, solucionamos e crescemos. Fazemos
a **CONSTRUÇÃO DO SER INTEGRAL** para trilharmos,
no tempo, o **CAMINHO DA REALIZAÇÃO**.

Essa foi a razão pela qual escrevi este livro, preocupando-me muito mais em mostrar *como fazer* do que em elaborar fórmulas mirabolantes para a solução de problemas. Tais fórmulas — todos sabem — não existem. Com isso, espero ter atingido meu objetivo. No primeiro momento, a metodologia pode até parecer complexa, mas, uma vez aplicada corretamente, mostrar-se-á fácil e simples, e produzirá todos os benefícios que buscamos.

Boa colheita!

Maurício Bernis

Referências bibliográficas

ACON, P. P. *Plutão*. São Paulo: Pensamento, 1988.

ALBERTUS, F. *Guia prático de alquimia*. São Paulo: Pensamento, 1997.

ALPHERAT. *Astrologia*. Buenos Aires: Kier, 1991.

AMADOU, R. *Os grandes médiuns*. São Paulo: Loyola, 1966.

_____. *Parapsicologia*. São Paulo: Mestre Jou, 1969.

ANDREA, R. *A técnica do mestre*. Rio de Janeiro: Renes, 1981.

ANN, S. *Vocational astrology: Personality and potential*. Connecticut: AFA, 1982.

ANTARÈS, G. *Manual practico de astrologia*. Barcelona: Obelisco, 1990.

ARESI, A. *Homem total e parapsicologia*. São Paulo: Loyola, 1983.

ARROYO, S. *Astrologia, psicologia e os quatro elementos*. São Paulo: Pensamento, 1987.

BARNETT, L. *O universo e o Dr. Einstein*. São Paulo: Melhoramentos, s/d.

BEL-ADAR (org.). *Manual prático de astrologia*. São Paulo: Pensamento, 1997.

BERNARD, R. *As mansões secretas da Rosacruz*. Curitiba: Ordem Rosacruz, 1991.

BERNIS, M. *Astrologia vocacional — A escolha da profissão para obter realização pessoal*. São Paulo: Roca, 2001.

BULETZA, G. (superv.). *O homem alfa e ômega da criação I, II e III*. (relatórios do Departamento de Pesquisa da Universidade Rose-Croix)

BUZAN, T. *Mapas mentais e sua elaboração*. São Paulo: Cultrix, 2005.

CARTER, C. E. O. *Os aspectos astrológicos*. São Paulo: Pensamento, 1987.

CHARDIN, T. de. *O pensamento vivo de Teilhard de Chardin*. São Paulo: Martin Claret, 1988.

CHARON, J. E. *O espírito, este desconhecido*. São Paulo: Melhoramentos, 1986.

CHOPRA, D. *As sete leis espirituais do sucesso*. São Paulo: Best Seller. 1998.

CHOPRA, D.; FORD, D.; WILLIAMSON, M. *O efeito sombra*. São Paulo: Texto Editores, 2010.

CURY, A. *O código da inteligência*. Rio de Janeiro: Thomas Nelson Brasil, 2008.

_____. *Mentes brilhantes, mentes treinadas*. São Paulo: Academia de Inteligência, 2010.

DEVORE, N. *Enciclopedia astrológica*. Buenos Aires: Kier, 1981.

DRUCKER, P. *Sociedade pós-capitalista*. São Paulo: Pioneira, 1999.

FULCANELLI. *O mistério das catedrais*. Lisboa: Edições 70, 1964.

_____. *As mansões filosofais*. Lisboa: Edições 70, 1990.

FROMM, E. *O medo à liberdade*. Rio de Janeiro: Guanabara, 1983.

GOUCHON, H-J. *Diccionario astrológico*. Madri: Luis Cárcamo, 1987.

GREENE, L. *Saturno*. São Paulo: Pensamento, 1989.

GRUPO 21. *O homem do futuro — Um ser em construção*. São Paulo: Triom, 2002

GURDJIEFF, G. I. *Gurdjief fala a seus alunos*. São Paulo: Pensamento, 1993.

HOSSRI, C. M. *Treinamento autógeno e equilíbrio psicotrônico*. São Paulo: Mestre Jou, 1970.

_____. *Sonho acordado dirigido*. São Paulo: Mestre Jou, 1974.

HUTIN, S. *A tradição alquímica*. São Paulo: Pensamento, 2003.

JUNG, C. G. *Obras completas de C. G. Jung. V. IX/2. Aion — Estudos sobre o simbolismo do si-mesmo*. Rio de Janeiro: Vozes, 1982.

_____. *Obras completas de C. G. Jung. V. XII. Psicologia e alquimia*. Rio de Janeiro: Vozes, 1991.

_____. *Obras completas de C. G. Jung. V. III/3. Sincronicidade*. Rio de Janeiro: Vozes, 2000.

KURILO, N. S. *El hombre y su estrella*. Barcelona: Planeta, 1989.

LELOUP, J-Y. *O evangelho de João*. Rio de Janeiro: Vozes, 2001.

_____. *Livro das bem-aventuranças e do Pai-Nosso*. Rio de Janeiro: Vozes, 2004.

LEO, A. *Astrologia esotérica*. São Paulo: Roca, 1993.

LÉVY, P.; AUTHIER, M. *As árvores de conhecimentos*. São Paulo: Escuta, 1995.

LYRA, A. *Parapsicologia e inconsciente coletivo*: A questão da sobrevivência da alma humana. São Paulo: Pensamento, 1980.

MARCH, M. D.; MCEVERS, J. *Curso básico de astrologia vol. 5. I, II e III*. São Paulo: Pensamento, 1989.

MURPHY, J. *A magia da percepção e extrassensorial*. Rio de Janeiro: Nova Era, 2005.

_____. *O poder do subconsciente*. Rio de Janeiro: Nova Era, 2011.

ORDEM ROSACRUZ. *Hermes Trismegisto*. Curitiba: Grande Loja do Brasil, 1990.

_____. *Introdução à simbologia*. Curitiba: Grande Loja da Jurisdição de Língua Portuguesa, 2000.

OSTRANDER, S.; SCHRÖDER, L. *Experiências psíquicas além da cortina de ferro*. São Paulo: Cultrix, 1989.

PAUL, P. *Os diferentes níveis de realidade*. São Paulo: Polar, 1988.

PAWELS, L.; BERGIER, J. *O planeta das possibilidades impossíveis*. São Paulo: Melhoramentos, 1976.

_____. *O despertar dos mágicos*. Porto Alegre: Bruxapoa, 1993.

PROFESSOR MOLINERO. *O hipnotismo secreto dos yogas*. São Paulo: Mandala, 1973.

QUEVEDO, O. G. *As forças físicas da mente I e II*. São Paulo: Loyola, 1992.

_____. *A face oculta da mente*. São Paulo: Loyola, 2003.

ROACH, G. M. *O lapidador de diamantes*. São Paulo: Gaia, 2000.

ROGERS, C. R. *Tornar-se pessoa*. São Paulo: Martins Fontes, 1976.

RUPERTI, A. *Ciclos de evolução*. São Paulo: Pensamento, 1986.

SAINT-MARTIN, L-C. de. *Quadro natural das relações que existem entre Deus, o homem e o universo*. Curitiba: Ordem Rosacruz,/Amorc, 2002.

SASPORTAS, H. *As doze casas*. São Paulo: Pensamento, 1988.

SEPHARIAL. *Manual de astrologia*. Rio de Janeiro: Nova Fronteira, 1988.

SILVA, J.; STONE, R. *O método Silva de controle mental para alcançar a cura*. Rio de Janeiro: Record, 1986.

TOQUET, R. *Os poderes secretos do homem*. São Paulo: Ibrasa, 1967.

VOLGUINE, A. *Los enquadramientos del sol, la luna e los angulos*. Buenos Aires: Kier, 1987.

VAN TOEN, D. *O livro de marte*. São Paulo: Pensamento, 1992.

WEISS, A. *Astrologia racional*. Buenos Aires: Kier, 1993.

WEISSMANN, K. *O hipnotismo*, 1978.

WILBER, K. *Visão integral*. São Paulo: Cultrix, 2009.

ZALBIDEA, V.; PANIAGNA, V.; DEL AMO, E. F. C. C. (orgs.). *Alquimia e ocultismo*. Lisboa: Edições 70, 1972.